The Prince

# 君王论

[意] 马基雅维利 著

李汉昭 译

武汉出版社
WUHAN PUBLISHING HOUSE

（鄂）新登字08号

**图书在版编目（CIP）数据**

君王论 / （意）马基雅维利（Machiavelli,N.）著；李汉昭译.—武汉：武汉出版社，2009.3（2018.4重印）

ISBN 978-7-5430-4136-3

Ⅰ.君… Ⅱ.①马…②李… Ⅲ.君主制—研究 Ⅳ.D033.2

中国版本图书馆CIP数据核字（2009）第028617号

**书名：君王论**

---

作　　者：（意）马基雅维利（Machiavelli,N.）

责任编辑：李　俊

封面设计：象上品牌设计

出　　版：武汉出版社

社　　址：武汉市江汉区新华路490号　　邮　编：430015

电　　话：（027）85606403　　85600625

http://www.whcbs.com　　E-mail:zbs@whcbs.com

印　　刷：北京高岭印刷有限公司　　经　销：新华书店

开　　本：787mm × 1092mm　1/32

印　　张：5.875

字　　数：80千字

版　　次：2009年4月第1版　　2018年4月第2次印刷

定　　价：39.80元

---

# 献　辞

尼科洛·马基雅维利致伟大的洛伦佐·德·梅迪奇殿下书

[↑]洛伦佐·德·梅迪奇（或洛伦佐·德·美第奇）画像。

但凡想要博得君王宠爱的人，通常要奉上自己最宝贵的东西或者是最能博得君王欢心的物品。因此，君王经常能收到诸如兵器、良马、锦绣、宝石以及能够与君王的伟大相匹配的一些装饰品。现在，我愿向殿下献呈本人的一片忠诚，来证明我是殿下的忠实子民。我觉得倾我所有，最可宝贵的和最有价值的，乃是我对于伟人业绩的一些认识了，这是我对当代事务的长期体验和对古代事迹的不懈钻研的结果。我曾经长时期地孜孜不倦地对这方面知识加以思考和检验，我曾用了很多的心思去推敲在这方面的观察心得，最终我将之写成这小小的一卷书，现在将它呈献给殿下。即便浅作不足以博您垂青，但我深信，蒙殿下错爱，您会收下这部作品的，因为，除了使您能尽快了解我多年来历尽艰危所认识和领悟到的一切之外，我再没有比这更好的礼物献给殿下了。

[↓]拿破仑三世套房中的餐厅（卢浮宫）。

在我的作品中，不曾像许多善于装扮他们的作品的作者那样不惜使用铿锵的章句、夸张而瑰丽的言辞、或者俗不可耐的妩媚、画蛇添足的修饰，

因为，我想得到的不仅仅是赢得人们表面的称誉而已，而更多的是想让它由于新颖的内容和宏大的主题而引起人们的重视。

我觉得身居卑位的人却敢于探讨和指点君王的所作所为，这就如同绘制地图的人们那样，只有置身于平地才能考察山峦及高地的性质，只有高踞于山顶才能更好地考察平原的特征，所以这不应当被看做是僭越。同理，深深地认识人民的性质，应当是在上的君王，而深深地认识君王的性质的，应当是在下的人民。

所以我祈请殿下明察，收下我这份衷心献上的微薄的礼物，只要您认真地思考它并耐心把它读下来，您将从中看出我殷切的期望：愿您依靠命运之神和您自身能力使您达到伟大地位。如果殿下有朝一日，从您所处的巍巍极顶俯瞰这块卑微的下界，您就会察觉到我是怎样不幸地忍受着命运那巨大而恶毒的折磨啊！

→巴塞罗那国家艺术博物馆，即国家宫。它是全世界和主教区中拥有的最重要的罗马艺术品和哥特艺术品收藏的博物馆之一。

↑ 圣彼得大教堂壮观的金顶，贝尼尼雕刻的青铜华盖。

↑罗马圣母大教堂。

# 目 录

## 君王国的国体与获取



## 国民、军队、教会政治

## 君王的形象与施政

# 君王国的国体与获取

统治那些在被征服前，曾长期在自己的法律之下自由地生活的国家，有三种办法，一是将他们灭掉，二是征服者亲自住在那里，三是让他们依然在自己的法律下生活，但是必须称臣进贡，并在那里成立一个由少数人控制的政府，这个由新君王扶持起来的政府将能使该国与你友善相处。因为这个政府是由新来的君王所成立，因此他们一定会尽力来拥护你。

↑《圣罗马诺之战》。乌切罗创作的板上油画，现藏于乌菲齐美术馆。1560年，美第奇家族把柯西摩一世建造的公国政务厅办公室变成了乌菲齐美术馆，并在乌菲齐设立画廊，1581 年公开展出美第奇家族的众多艺术收藏。

# 第一章　世上的王国的不同种类及其获取的方法

有史以来，曾经统治人类的那些国家以及政权，如果不是君主国便是共和国。相对而言，君主国的君王若不是世代相传，那么多半就属于新生的。很久以来世袭君主国的君王，始终是源自于统治家族；而新生的君主国，要么像弗朗切斯科·斯福尔扎的米兰公国那样是全新的，要么就像西班牙国王统辖下的那不勒斯王国一样，是曾被世袭君主国征服的附庸，用这种方式获取的领地，或者先前就习惯于在君王统治之下生活，或者向来就是自由之邦；而其获得，若不是依靠他人的武力，就是仰仗自己的军队，要不就是因为君王的运气好或才能特殊以致不需要动用武力，这些领土就可以落入其手中。

↑ 卢多维科·斯福尔扎（1452 年 7 月 27 日 –1508 年 5 月 27 日），米兰公爵，斯福尔扎家族成员，弗朗切斯科·斯福尔扎一世之子，曾资助莱奥纳尔多·达·芬奇等著名的艺术家。

# 第二章　世袭制君主国

↑弗朗切斯科·斯福尔扎一世。

共和国的问题由于我在别处已有详论，这里就撇开不谈了，我将按照上文所安排的顺序，着重分析一下君主国，并且探讨一下如何才能统治与维持这些君主国，并使之避免变乱，保持长盛不衰。

在人们已习惯了在君王后裔统治下生活的世袭国度里维护统治，比在新的国家里要容易得多。因为在已习惯于在君王家庭统治下生活的世袭制国家，只要君王遇事顺其自然，不妄改祖制，能做到随机应变，这足可以应付了。所以，这样的君王若不是被某种异乎寻常强大的力量篡夺了权力，那么他只要稍加谨慎，就能用这样的方法，维持住他的地位，就算是他被篡了权，他的权力依然能够在篡权者遭意外时，重新夺取回来。

最好的例子是意大利的费拉拉公爵，他之所以能够抵御1484年威尼斯人的进犯，并在1510

⬆罗马－圣母大教堂，正在做晚弥撒。

年击退了教皇朱利奥的入侵，主要是因为他在那块土地上已拥有根深蒂固的统治。世袭君王和一个新生的统治者相比，得罪人民的理由和必要性都少于后者，只要他不是异常恶劣，惹人憎恨之外，自然会受到人们的爱戴，成为民心所向，这是顺理成章的事。而且，由于国家的古老与统治的长久，关于变革的记忆与变革的原因都已被湮没；因为前一次变革永远是为下一次变革开辟道路，促使下一次变革的发生。

# 第三章　混合型君主国

可以想象将会有无数的困难摆在新生的君主国的面前，并且应当明确，这种君主国仅仅是部分地更新，并不是全新的，因此，我们可以从整体上称它为混合型国家。在所有新生君主国里发生的意外主要源自于一个固有的难题，而这个难题是很明显的：这就是，人们因为希望改善自身的处境，才拿起武器来反对他们的统治者，想要更换他们的统治者，以实现自己的愿望。可是后来经验表明，常常是事与愿违，他们的处境比过去更加恶劣，而这种局面是由另一种内在的通常也是必然的情况所导致的，即，出于征服的需要，新君王所带的

↓教皇利奥十世和两位红衣教主，这是拉斐尔在去世前猿年完成的一幅杰作。画上三个人物是新教皇利奥十世、红衣主教路易兹·德·罗西、教皇的外甥枢密官米里奥·德·梅迪奇。

军队常常会侵害他的新臣民，常常给他们施以新的压制，从而不可避免地开罪于新的臣民。

因此当统治了一个君主国之后，所有曾经被你压制的民众将全都变成了你的敌人；并且你不能按照请你进来的朋友们的期望给予他们满足，同时由于你欠了他们的人情。又无法用强硬手段对付他们，因为这样你也无法留住那些把你请来的人们。而且一个新君王在进入一个新的地方后，不论在武力上是如何的强大，都需要力求获得当地居民的好感。所以，法国国王路易十二世占领米兰甚速，而丢失米兰亦甚速，正是以上的原因所导致。并且仅仅动用洛多维克的军队就可以收复米兰把路易十二世撵走，因为先前曾为这位新君王打开过城门的人民再也不能容忍路易的胡作非为，很快他们就察觉到自己的希望趋于幻灭，发现自己曾经预期的好处仅仅是一厢情愿而已。

↑ 玛丽·德·梅迪奇像。很多人将此画像误认为是路易十六的妻子玛丽王后，其实这是梅迪奇家族于1600年嫁进法国王室的第二位王后的画像，她的丈夫是比她大20岁的亨利四世，凯瑟琳王后是她的远房堂姐。

叛乱给新的统治者提供了良机，如果他能将叛乱地区再一次的征服，那么他就再也不会轻易地失去他的领地，这是由于他能够毫无顾虑地清查可疑分子，惩办犯人，而且还可以在比较薄弱的地方增强戒备。因此，在第一次，只要洛多维克公爵在边境上揭竿而起，就能让法王失掉米兰，但是要打算再一次把法王从米兰赶出去，我想只能让全世界去反对他了，而且只有当法国军队被击败并驱逐出意大利之后，法王才会丧失了米兰。原因在前面已经说过了。无论如何，法国总是先后两次都失掉了米兰。

我们先前已经分析过了法王第一次丢失米兰的原因，这里要分析一下第二次丧失的原因，看看他能否想出法子保住米兰，以及任何一个处在他的位置上的人能否有更好的办法来巩固已取得的成果。那些曾经被他征服吞并的国家，有的是使用同一语言、属于同一地区，有的则不是这样，如果是在同一地区，并且那些国家的人们不知道何为自由生活的话，那么，统治这些国家是再容易不过了，征服者只需将昔日旧君王的血

→宪政广场里梅迪奇家族的雕像。

统彻底消灭，就能安如磐石地统治了；至于别的方面，只要维持它们曾经的风习，尊重它们过去的传统，人们通常就会继续安定地活着。这就是人们在布列塔尼、布尔戈尼、加斯科涅和诺曼底所看见的情形，如今它们早就归属了法兰西，虽然语言有所不同，但风习没什么两样。所以很容易在一起和睦相处，如果统治者征服了另外的国家后，想要保持稳固的统治，那就应当在两个方面提高警惕：首先是要将旧的统治家族彻底灭绝，其次是不要轻易将它们的法律，还有税赋进行改变。这样就能保证他们会在极短的时间内同被征服的国家融为一体，形成一个单一的国家。

↓玛丽·德·梅迪奇抵达马赛。彼得·保罗·鲁本斯作，现藏于巴黎卢浮宫。梅迪奇家族是法国著名的名门望族，玛丽·德·梅迪奇曾为法国摄政皇后。

要是那些被征服的国家同征服国有着不同的风习、语言和制度，那就比较麻烦，征服者必须得有很好的运气以及非常高超的统治技巧才行。征服者亲自驻扎在那些被征服的地方，这将是最好和最有力的法子，这种方法将会使他的领土保有得更稳、保持得更久。当年土耳其人在希腊就是采用的这种方法。

如果没有土耳其国王亲自到希腊去，那么不论他用尽什么方法都很难稳固地统治那个国家。另外若是想明察秋毫，以做到防患于未然，也只能驻在当地，要不然，等发生严重事态后，当乱子的消息传到他的耳中时，事情早已无法挽救了。而且有君王在，那么这块土地就可以不为你手下的官吏所劫掠，你的臣民也会因为能够直接受到君王的保护而心满意足。所以那些愿意效忠的人们将会更加爱戴你，图谋不轨的人们就会对你感到害怕，而对这个国家怀有野心的人也会因君王之驻足而将踌躇不前。总之，只要君王驻在被征服

↓科隆大教堂。欧洲最出名的三座哥特式代表建筑之一。

的国家，那么他就可能统治得很牢固。

↑《抱银鼠的女子》。达·芬奇作。画中人物为米兰莫罗公爵的情人，从画中可以看出她拥有非凡的美貌以及白皙细腻的皮肤。

还有一个好办法就是向被征服的国家殖民，这样就需要选择一两个关键的地点，建立殖民地。不然就要派遣并维持一支庞大的武装部队。君王应当在两者之间选择一个办法。相对而言君王为建立殖民地所付出的代价微乎其微，几乎不需要什么耗费，甚至都用不着支出什么，就可以在那里殖民驻屯。这样受到他所损害的，仅仅是被征服国那些为了供给殖民者失去了田舍的人们，而这些人在那里无足轻重，并且蒙受此种损害的原居民为数不多，再加上被四处驱散，都忙于生存，根本不会危害到君王。其余的居民，一方面因为不曾遭到什么损害而易于安抚，另一方面则由于担心自己的财产被剥夺，根本就不敢有所举动。总而言之，建立这样的殖民根本用不着多少钱，而且要比派驻军队的更少惹是生非，更加忠诚。并且对于当地的居民的损害也比较少；即使那些被损害的人，长期的穷困潦倒加上流离失所，也会使他们没有

↑乔万尼·巴蒂斯塔。

什么能力危害统治者。

不过我们还是要注意，如果人们不接受安抚，那么就应当将他们彻底的消灭掉，因为，当人们受到轻度的损伤，他们就有能力去报复，而受到沉重的打击，他们就没有力量进行报复了。所以，如果要想打击他人，就一定要将他们置于无需担心他们会报复的境地。

君王如果向被征服地区驻屯军队，而不是向那里殖民，那么为了维持驻军，就会把在那个国家的所有的收入全都消耗，这样的花费过大，实在是得不偿失；并且由于频繁的调动军队，士兵们就可能乘机为非作歹而使国家受到损害。因此会将人们激怒，从而使得人人都与君王为敌。他们都还在自己的家乡，虽然战败了受到了压迫，但是依然还是很有力量有危害的敌人。所以，从各方面看，殖民是最有利的，而用军队控制那个地方则没多大好处。

如果君王所征服的地区在语言、风习和制度等方面和他原先的国家不同，那么他就应当把心思用在以下几个方面：在警惕那些同样强大的外国人的意外侵犯的同时，还要设法将较强的邻国削弱，从而使自己成为各个较弱邻邦的领袖与保护人。常常有这样的情况发生：那些弱小国家或者由于野心、或者出于恐惧而对保护者感到不满时，就会引来一个强大的外国来干涉，就像很久以前罗马人就是由埃托利亚人给引进了希腊的；并且罗马人过去侵入的任何地方都是由当地的人给引入的。事情通常会是这样的：当强大的外国军队一旦侵入一个地方，那么在这里所有那些较弱小的势力，由于出于对那个凌驾在他们头上的强大势力的嫉妒，他们马上就会依附这些外国人，因此入侵者想要笼络这些弱小势力用不着费力，只要尊重一下他们就能做到，因为他们都很情愿同已经被他征服的国家融合起来；他需要留心别让他们发展得太快，或是取得很大的权威；这样在他们的协助下，凭着自己的力量，就很容易让那些较强大的势力屈服的，从而将该地区主宰。但是在这个问题上新的统治者要是措置不妥，他很快就会丧失已经赢得的一切，就算他还占领着那里，也会觉得有无数困难和烦恼存在。

↑ 查理五世（神圣罗马帝国）。他拥有诸多称号。西班牙国王称号：卡洛斯一世；神圣罗马帝国皇帝称号：卡尔五世；即位前通称奥地利的查理（1500年2月24日-1558年9月21日）；他还是西西里国王（称卡洛一世，1516-1556）、那不勒斯国王(称卡洛四世，1516-1556)。在欧洲人心目中，他是“哈布斯堡王朝争霸时代”的主角。

在这方面罗马人做得很好，他们每征服一个

地区，就会派遣殖民，安抚弱小势力，但又不让他们发展过大，同时镇压强硬的势力，不给强大的外国势力留下可乘之机，发生在希腊的事情就足以为例了：罗马人与埃托利亚人修好，从而挫败了马其顿王国，把安蒂奥科驱逐走了，但也不曾让阿凯亚人或者埃托利亚人发展壮大；同时，不管菲利普如何地苦苦哀求，也未能诱使罗马人放弃对他的镇压，罗马人最终打倒了他；他们不给安蒂奥修斯留下一点地盘，虽然他还有势力。

↑古罗马护臂铠甲。

在这些方面，罗马人不仅考虑得很细而且还很长远，他们在未雨绸缪方面可算是用了不少的心思。他们的所有作为正是明智的君王所应该做的。他们必须竭尽全力，对各种可能的情形都做好准备，所谓深谋远虑，才能做到防微杜渐。不然一旦养痈成患，就无可救药了。这正如医生们对消耗热病患者所做的叮嘱是一样的。他们说，此病初期,易治疗而难诊断,可是随着时间的推移，当初不好诊断并治疗的疾病，就会转变成诊断容易而治疗困难了。治理国家亦是这样。只有对于潜伏中的祸患能够预察于幽微（这只有小心谨慎的君王才能做到），才能够及时将之消除；若是疏于觉察，以致发展到人皆能见的程度，那时恐怕就无药可救了。因此，罗马人不惜发动战争来阻止事态继续发展下去，他们总能尽早发觉麻烦所在，他们懂得战争肯定是不可避免，如果拖延时日只能失去先机。因此，他们抢先到希腊去攻打菲利浦和安蒂奥修斯，以避免将来不得不在意大利同他们交手。虽然那时罗马人完全可以不发动这两场战争，但他们并没这样做，他们宁愿享受他们自己的能力和审慎的恩惠。也不会像我们这个时代的聪明人整天常念叨的那样："享受时间的恩惠。"的确，时间在推着一切事物向前走时，既会在给我们带来好处的同时，也会给我们带来坏处，也会在带来坏处的时候带来好处。

如今我们再来看看那位法国的君王，看看他在以上的几个方面的表现如何。这里我不想谈查尔斯八世，而只想谈谈路易十二，因为他在意大利统治了很久，他的行为更有助于将问题说明白，我想很快你就会知道，他应当表现出来的行动，与他为了维护在一个与本国迥然不同的地方的统治而实际采取的行为，简直是南辕北辙。路易国王是被有野心的威尼斯人引进了意大利，因为威尼斯人想要在他的干涉下来控制半个伦巴第。我在这里不想去责难法国国王所做出的这一决定，

↓古罗马士兵头盔。

↑罗马卡庇托利诺博物馆内景。罗马顶级博物馆，里面存放着罗马城的城徽——母狼哺婴的雕塑。

因为他打算在意大利寻找一个立足点，但是在这儿他没什么盟友，因为查理国王过去实行的政策让路易十二世尝尽了闭门羹的滋味，于是他只能接受所能够得到的盟友。要是他没有任何的措置失当，那他的这个想法是完全有可能如愿以偿。由于征服了伦巴第，他很快就恢复了查理国王所丧失的名誉：热那亚表示臣服了；佛罗伦萨人和他成了朋友；曼托瓦侯爵、费拉拉公爵、本蒂沃利奥、富尔利夫人以及法恩扎、佩扎罗、里米尼、卡梅里诺、皮昂比诺等地的统治者，还有卢卡人、皮萨人、锡耶纳人，全都赶来逢迎他，希望能成为他的朋友。只是到了这个地步，威尼斯人才能够发现他们所采取的办法是如此的愚蠢。让这位法国国王，轻易成为意大利三分之一以上领土的统治者的动机，仅仅是为了夺取伦巴第的两个城镇。

由此可见，法王只要能按照上述的规则去行事，给他的朋友们以安全和保护，并善待他们，那么他在意大利维持自己的统治，是不会遇上什么阻碍的，他们一个个都既弱小又胆怯，虽然为数众多，但不是怕教廷，就是怕威尼斯人，因此总是乐意向他靠拢；有了他们的支持，他就能轻而易举征服那些仍然强大的反对势力。可是，他进入米兰之后却帮助教皇亚历山大占据了罗马尼阿。这真是反其道而行，他一点也没有意识到，这个错误的决策削弱了自己的力量，让他失去了盟友还有那些曾投靠他的人们；与此同时，又增加了教廷的势力，使原本就影响巨大的教权更加增添了非同小可的世俗权力，法王走错一步后，

←货币（路易十二统治时期）。

就只能一错再错，以至于不得不亲自驾临意大利去制止亚历山大成为托斯卡纳的统治者。更糟的是他又伙同西班牙国王瓜分了他所垂涎已久的那不勒斯王国，仿佛仅仅失去了盟友和助长了教廷势力还错得不够多；原先只有他是意大利的统治者，可是现在他带来一个强有力的对手，于是当地的野心家和心怀不满的人们这回找到了申诉之处；这样他赶走一个乐意向他称臣、纳贡的王，而带来另一个有力量能够把自己赶走的对手。

诚然，征服的欲望也是人与生俱来的一种本能，所以只要能成功，总能得到人们的称颂而非指责。但若是力不能及而又执意而行，很可能会铸成大错而受到谴责。因此，如果法国国王能够凭借自己军队的力量攻下那不勒斯的话，他完全可以这样去做；而如今力量不足，那么他就不应该动手去瓜分这个王国。先前伙同威尼斯人瓜分伦巴第是为了在意大利立足还情有可

↓亚历山大大帝的棺架。

原，那么这一次瓜分那不勒斯就使他声名狼藉而无法找到合适的理由了。

↑现存世界最大的古罗马城废墟，据说恺撒在这里被刺。

路易十二就这样已犯了五次错：消灭了弱小力量；增加了意大利原本就已强大的势力；把一个强有力的外国人引入了意大利；他没有亲自在那里驻扎；也没有遣送殖民到那里去。如果路易十二世不是由于夺取威尼斯人的领土从而犯了第六个错误的话，那么在他的一生中，那些错误还不足以损害他的威望，上述五个错误不至于对他构成危害。只要不去助长教廷的力量，不将西班牙人引到意大利来，那么他迟早都能征服威尼斯；现在他既然已经走出了先前采取这两步后，他就

↑古罗马短剑。

[↑]一尊古希腊重装备步兵的大理石雕像（可能为斯巴达国王列奥尼达一世）。

决不应该赞成去消灭威尼斯了；因为威尼斯人只要足够强大，他们就不会让西班牙去做伦巴第的主子，不会让别人对伦巴第有所企图的。另外，西班牙人和教皇根本不可能从法国手中将伦巴第夺过来，然后再将它送给威尼斯；而且没有谁胆敢同时对法国和威尼斯发起攻击。或许有人会说，为了避免战争，路易国王会把那不勒斯王国让给西班牙，把罗马尼阿让给教皇亚历山大，据前所述，我以为，战争是无法逃避的，拖延时间只能让自己陷入不利之境，决不能为避免战争而让自己处处被动。或许有人会说，国王应允帮助教皇扩张势力是以解除国王的婚姻关系和让罗阿诺为枢机主教作为交换条件的。这一点，我以后将在论及君王的含义和他们应当怎样守信时再回答。事实上路易丧失了伦巴第，正是由于没有遵守那些攻城掠地之后还想维持统治的人们所必须遵守的规则，因而这一切可以说是理所当然，用不着奇怪。

当瓦伦蒂诺（教皇亚历山大之子，俗称恺撒·博吉亚）占领罗马尼阿的时候，我在南特曾经同罗阿诺枢机主教谈及这件事情。罗阿诺枢机主教对我说，意大利人根本就不懂战争；而我回答他说，法国人一点也不懂得政治，不然他们根本就不会听任教廷这样扩张势力。事实说明，法国国王促成了教廷在意大利和西班牙势力的扩张，而他们则促成法国最后的崩溃。

从这里我们可以得出一条永不出错或者罕有错误的真理：那些促使他人强大的人，将会自取灭亡。因为，他用自己的智谋或力量使他人强大起来，而强大了的人将会对此感到惶恐不安。

↑玛丽亚·特雷莎（西班牙）。

# 第四章　亚历山大所征服的大流士王国为何在他死后没有反叛其继承者

鉴于控制一个新到手的国家所面临的重重困难，有人可能会对亚历山大大帝辉煌的业绩感到震惊，他只用了短短几年就成为亚洲的统治者，并且他刚刚攻占了这些土地就逝世了。在这种情况下，整个新占领的国家通常会发生全国性的叛乱，可是亚历山大的继承者，除了他们的野心在他们自己人中间引出了乱子之外，并不曾遇到别的麻烦。他们成功地保住了江山，对此当如何解释呢？我认为，历史上所有的君主国，不外乎用下面这样两种方式来进行统治：一种是有一个绝对在上的君王，他把其他一切人都当作奴仆，其中的群臣是经他的恩准而作为他的辅佐者去参政的。另一种则是君王和贵族们共同治理国家，而贵族所取得的地位是来自他们古老的血统，并不是君王所赐的，同时贵族们都还拥有自己的领地和臣民，而他们的臣民，对他有着自然的情感，把统治自己的贵族奉为主子。与此不同的是在由君王及其群臣所统治的国家里，通常是君王被认为是至尊无上的，他最拥有权威，因为在他的地盘之内，如果在还有别的人需要服从的话，那只因为他们是国王的大臣与国王的官吏而已，人们不会对他们产生任何的个人情感。

↑亚历山大像。

就在我们的身边，土耳其皇帝和法兰西国王就是这两种不同的统治方式的最好例子。在土耳其皇帝的君主国只有一位主子在统治，其余的人都是他的臣仆。土耳其皇帝把自己的国家划分为若干个“州”，他向那里派出了各种行政官员，并且可以随心所欲地将他们调动或撤换。但是法兰西国王却被一大批世袭的贵族所包围，他们自己的子民承认他们的地位，并且爱戴他们，贵族们拥有各自权利，君王如果要剥夺他们的特权就会危及自己的王位。比较一下这两个国家不难发现，征服土耳其皇帝的国家比较困难，不过如果征服了它，想要维持统治则轻而易举。与此相反，要占领法兰西的领土在某种程度上可能较为容易，但若想很稳固地统治它则极为困难。

之所以土耳其皇帝的王国不好被征服，就在于在那个国家中很少会有贵族作内奸，向征服者邀请，也不大可能指望被攻国家的君王左右会起而反叛，来提供可乘之机。如前所述，那里的官员，都是忠实于皇帝的奴才，因而很难收买他们，就算是收买了，也很

← 屋大维，恺撒养子，帝国的继承者。

[↑]大流士一世（公元前558~486），波斯皇帝（公元前522 ~486 年在位）。他在继位之后不到一年的时间里，以各个击破的策略，先后打了十八次大战役，铲除了八大割据势力的首领，诺大的波斯帝国重归一统。他自称为“王中之王，诸国之王”，后人尊称为“铁血大帝”。

难指望从中获得大利，因为他们不可能引诱人们向他们靠拢。因此想要征服土耳其，这样一个团结一致的国家，只能凭借自己的力量而不能依靠内部的叛乱。不过，一旦彻底击败土耳其皇帝，把他征服以至于他无法重振旗鼓，那么，除了君王的家族，你就什么都不必畏惧，如果能将王室消灭净尽，那就可以高枕无忧了。由于其他人对人民几乎毫无影响，所以以后就没有什么值得征服者担心了，这就是说胜利者在胜利之前不对任何人寄以希望，那么在胜利之后也就不必对任何人有所忌惮。

像法兰西那种统治方式的国家中，事情正好相反。你在那里总能找到心怀不满的人和盼望革命的人，只要能争取过来王国的某些贵族，那么他们将为你的入侵开辟道路，而且还能帮你很容易地取得胜利。这样你不用费力就能进入其王国。但是如果你想继续在那里维持统治，你就发现困难重重，那些曾经帮过你的人和被你征服的人，为你制造了许多的困难。仅仅灭绝君王的家族起不到什么效果，因为存在的贵族们将成为新的叛乱的领袖，而你既不能消灭他们，又未能让他们感到满意，所以只要他们一得到机会，你很快就会失掉这个国家。

↑教皇庇护七世为拿破仑加冕。

大流士政府的性质现在看来和土耳其王国有些类似，所以，亚历山大大帝首先做的就是夺取大流士的辽阔土地，将他彻底推翻。在取得这样的胜利之后，大流士也死了，由于上述的理由亚历山大大帝能够牢固地控制了这个国家，如果他的后继者们能继续保持团结，他们也能够稳固且安逸地享有这个国家，因为此时在帝国内，除了他们自己去惹起事端，是不会出别的乱子的。

但是，对于法兰西具有那种政制的国家被征服之后，就不可能出现这样的太平景象。西班牙、高卢和希腊就是由于这样的原因，经常会有由这些地方众多君主国发动的反抗罗马人的起义。只要他们还不曾忘却自己的传统，罗马人就很难做

自杀的高卢人。

到高枕无忧；只有当帝国的权力和长久的统治将过去的传统湮没后，罗马人才能成为这些地区稳固的占有者。当罗马人后来发生内讧时，他们当中的每一个人由于在各自的领地已树立了权威，所以就能做到一呼百应，因为这些地方的旧统治者家族早已被灭绝了，所以人们就安于接受罗马人的统治。

思考了这些事情后，就不会对亚历山大能在亚洲保持稳固的统治感到吃惊，也就明白为何像皮尔罗以等维持所获得的地方如此的艰难，这主要是由于被征服者的情况不尽相同而决定的，而和征服者的能力问题没多大的关系。

# 第五章　怎样统治在被征服前生活在各自法律之下的国家或城邦

统治那些在被征服前，曾长期在自己的法律之下自由地生活的国家，有三种办法，一是将他们灭掉，二是征服者亲自住在那里，三是让他们

↓罗马维多利亚圣母教堂内的贝尼尼作品——《圣泰瑞莎的幻觉》。

依然在自己的法律下生活，但是必须称臣进贡，并在那里成立一个由少数人控制的政府，这个由新君王扶持起来的政府将能使该国与你友善相处。因为这个政府是由新来的君王所成立，因此他们一定会尽力来拥护你。

对一个曾经习惯于自由制度的城邦，君王征服之后想将其占有，没有什么方法比借助于该市的公民更容易的了。斯巴达人与罗马人维持征服国的方法，完全可以作为这些不同方式的例证。斯巴达人为了控制雅典和底比斯，曾在那里组建了一个少数人的政府，但是后来还是失掉了那两个城邦。罗马人为了要保持卡波亚、迦太基与诺曼底，就彻底摧毁了它们，所以就没有失去过；他们也曾打算像斯巴达人那样去统治希腊，允许它保留自己的法律，让它享有自由，但最终却失败了，于是，统治者除了灭掉许多的城邦外，确实也没有更可行的办法了。这就是说谁成了某一个自由城邦的统治者，若不将之摧毁，那么他就会被这个城邦所摧毁，因为它随时都能够在古老习俗和自由名义下找到造反理由的。而这二者决不会因为时间的流失或是给了他们一些好处，就能被遗忘的。只要这些公民们依旧聚在一起，他们便一天也不会忘记那个名义和那种制度，一有

↑斐迪南一世（神圣罗马帝国）。他也是匈牙利和波希米亚的国王（1526 年起）。

风吹草动，他们就像比萨市被佛罗伦萨人臣服了百余年后的举动一样，立刻以自由及其古老制度的名义起义。可是在那些习惯于在一位君王统治之下过日子的城邦或地区，一旦旧君王的家族被灭绝了，它们既不能意见一致地在它们当中另立一个君王，又不懂得如何去自由地生活，它们已习惯了奴役，失去了旧的君王，他们又不会像自由人过日子，所以，不大可能会揭竿而起，这使得新的君王很容易就可以得到它们的支持，将它们操控于股掌之中。

←贝亚特丽斯·德斯特（1475 年 6 月 29 日－1497年1月2日），米兰公爵夫人，费拉拉公爵埃尔科莱·德斯特之女，费拉拉公爵阿方索·德斯特和曼托瓦侯爵夫人伊莎贝拉·德斯特的妹妹，米兰公爵马克西米利安·斯福尔扎和弗朗切斯科·斯福尔扎二世的母亲。贝亚特丽斯·德斯特才貌双全、远近闻名，可惜她在1497 年生育第三个孩子时因难产去世。

但是在共和国里，就存在着较强的生命力，较大的仇恨和较深切的复仇欲，他们想起昔日的自由，就不能平静，而且也不愿意平静。所以最好的办法就是亲自待在那里，要不就把他们彻底消灭掉。

# 第六章　依靠自己的武力和能力成为君主国的新君王

当论述君王和国家都是全新的时候，我将援引到一些最卓越的先例，人们不应当对此感到惊异。因为人们几乎常走在别人走过的路上，而且效法着他人的事迹，或者由于不具备效法的能力而不能和他人完全合辙。然而一个明智的人总是应该追随那些伟人的足迹，效法那些出类拔萃的人物，就算力不能逮，但至少也能学来几分气派；人应该像那些聪明的射手那样去行事，一旦他们察觉想要射击的目标距离超过了弓力能够达到的范围，他们就会去

↓《纯洁的战斗》。布鲁吉诺（意大利）作。

瞄准目标的上方，这并不是为了射中那个地方，仅仅是为了更好地命中目标。

☐恺撒等三头同盟和高卢战争的场面。

在一个全新的君主国里，由于君王也是新上任的，我以为统治起来的困难的大小，就取决于征服者即君王的能力的大小。那些由布衣而成为君王的人，如果不是得益于自己的能力就是得益于命运所赐，很明显这两者中的任何一个方面都会有助于将困难减轻，然而，那些很少依赖命运的君王，很可能就能做到长治久安。要是君王除了新征服的土地之外没有别的领土，那么他就最好待在自己征服的领地上，这对他会有很大的好处。

我觉得像摩西、居鲁士、罗慕洛、提修斯，

☐米兰主教大教堂。世界最华丽的教堂之一。

还有那些才能和他们相提并论的人们，大都是凭着自己的才能而并非依靠命运登上君王的宝座的。虽然摩西只是上帝托付给他的事务的执行者，不应该对他进行讨论，但是仅仅从他和上帝进行谈话的资格——他所具有的那些优美的品质就应当受到人们的尊崇。我们还是看看居鲁士或者其他那些立下帝王霸业的人们吧，你会发现他们全都值得钦佩的。考究他们的作为及其方略，和摩西相比并没什么不同，当然摩西还有一位伟大的导师。通过他们的行迹与生活，我们就可以断定，他们所依赖的是机遇而并非命运，机遇为他们选择的形式赋予了内容。没有机遇，他们的意志力很可能就会浪费，但若没有意志力，机遇也会白白地放过。

因此，对摩西来说，找到身陷埃及、被埃及人奴役压迫的以色列民族是必不可少的，他们都愿意追随他，以便能脱离这种被奴役的状态。而对罗慕洛来说，最重要的是离开阿尔巴，而且要在刚出生时就被丢弃，这样最终才能让他成为罗马君王和罗马城的奠基者；居鲁士所需要的则是波斯人对于米堤亚人的统治表示不满，以及米堤亚人因长期和平而导致的衰弱与愚钝；至于提修斯，如果雅典人不是一盘散沙，他就没有机会去

↓托斯卡纳大公夫人，1549年为梅迪奇家族购买了皮蒂宫。

展示自己的能力。可以说，机遇让这些人物功成名就，而他们非凡的能力则使他们能够洞察到机遇，于是他们统治下的国家变得兴旺发达。对于这些历尽艰辛而登上王位的人，夺取君权比较艰难，而维持统治就相对容易多了。

在取得君权时的重重困难，有一部分是因为他们为了维护他们的统治和确保安全，不得不采用新的制度。而且应当知道，再不会有比着手采用新的规章制度更为艰难的了，而且成败没有丝毫把握，推行起来又更是有风险，这是因为，倡导改革的人将会成为所有得益于旧制度者的敌人，而拥护新制度的受益者却总是些三心二意的人。他们之所以三心二意，一半是来自对那些反对者的恐惧，一半是来自于人的怀疑的心理，人们如果看不到可信而又确凿的证据，一般是不可能真正相信新生事物的。

因此，当那些敌人一旦抓住了合适的机会时，他们就成帮结党地发动进攻；

↓ 切利尼制作的科西莫半身像。

→弗朗索瓦一世肖像，现藏巴黎卢浮宫。

而另一方面，人们只是三心二意地进行抵抗，所以处在半心半意的臣民中的倡导革新的君王是非常危险的。

如果想要更透彻地了解这个问题，那就应当研究分析一下这些革新者靠的是自身的力量还是倚赖他人，就是说，为了实现革新的宏图大略，他们是需要恳求别人，还是强行推行。如果是到处向人们恳求，那就会处处碰壁而一事无成；若是依靠自己的力量强制推行，那么就没有什么风险。所以，武装起来的革新者全都能取得成功，而赤手空拳的倡导者几乎都是一无所成，所以，民众天生好反复无常，在某件事上很容易将他们说服，但是想要让他坚定不移就非常困难，革新者需要有这样的准备，一旦民众开始动摇，那么就动用武力迫其就范。我想要是摩西、居鲁士、提修斯和罗慕洛始终赤手空拳，他们就不能够使民众长久地遵守他们所定的制度。

我们这个时代的季罗拉莫·萨沃纳罗拉修道士的处境就是这样。他既不能使那些曾经信仰他的人们坚定不移，又没有办法使那些不信仰的人们开始信仰。所以当大众不再信任他时，他和他的新制度就一同遭受了被毁灭的命运了。

前文所述的伟大人物，他们前进的路上满是艰辛，遇到的困难都是无比巨大的，他们只能凭着自己的力量奋勇向前，而一旦渡过了难关，将忌妒他们的人物消灭之后，他们就开始强大而稳固、在享有荣华富贵和幸福的同时，还会受到人们的崇敬。

↓ 科西莫一世像。

除了这些伟大的例子，我还想补充一个与此相类似但比较次要一些的例子，我认为，它或许能代表所有的这一类事例，这就是由平民变为叙拉古君王的——锡耶罗，此人几乎没碰上什么好运，而全靠他的机遇。

叙拉古人因为受到了压迫，大家选举他做最高司令。从这个位置，他凭着自己的才能，终于登上了王位；据他的传记作者说，当他还是一个平民的时候，就已经具备了作为君王的一切德性，只是没有一个王位而已。

他将旧军队解散，重新组建了军队；他将旧的盟友舍去，而另结新交。这样他在自己拥有的盟友和军队的基础上，建立起一所帝国的大厦。虽然他在取得王位时受尽艰苦，但是开始享用时就没什么阻力了。

# 第七章 借他人之力或因好运而成为的新君主国

那些由于幸运而从平民登上君位的人，起家时毫不费力，但是想要保持住其地位就非常的辛苦了；他们在上升的途中几乎没遇上阻碍，因为他们是在半空里飞翔。可是当他们脚踏实地时，所有的困难就会纷至沓来。希腊的爱奥尼亚诸城邦，还有赫里斯庞的一些君王就是这样。他们有的是靠金钱，有的是依赖恩赐而登上了王位，都

是被大流士推上王位的，所以他们只能为了大流士的安全和荣耀而尽心尽责。还有一些君王也是如此，他们靠的是拉拢军队，从而由平民跃至王位。这些君王只能依赖别人的意志或好运来掌权，而这些全是飘忽不定，不大可靠的东西。

这类人根本不懂得如何去维持并且也不可能维持住他们的王位。他们不懂的原因，是因为一个始终以平民的方式生活的人，要是没有非常出众的才能，就不可能指望他懂得怎样去发号施令；而不能维持王位，主要是因为手中没有一支真正属于自己，并忠诚于自己的军队。再说，遽然兴起的国家，好像自然界中迅速滋生长大的那些东西一样，无法做到枝桠交错，根深蒂固、一场突

[↑] 大流士一世雕像。

→ 费迪南多二世（两西西里国王）。

来的急风暴雨轻易就会把它摧毁。

如果那些转瞬跃升为君王的人，能够抓住命运的恩赐，立刻采取适当的措施，登基后奠定基础——这些基础在他人说来是在登基之前就已完成了的，他们还是能够保有江山的。关于靠能力或者依靠命运两种途径成为君王，我想提出两个尚在我们脑海中不曾消失的例子。这就是：弗朗西斯科·斯福查和恺撒·博吉亚。

弗朗西斯科依靠自己卓越的才能，采取必要的措施，由平民一跃而成为米兰公爵；当他进取时可谓历尽了艰难，而守业时就没遇上什么障碍。而另一位，被人们称为瓦伦蒂诺公爵的恺撒·博吉亚，则是仰仗其父的运气取得王位，尽管他想要在这个依靠他人的武力和幸运而获得的国家里站稳脚跟，并且采取了所有明智的人所应当采用的种种措施和举动，但最终随着好运的消失，

↓ 巴黎卢浮宫内的路易十五的王冠，王冠上镶满了宝石。

他也就完全失去了他的王国。前文已述，要是在开始不曾奠定基础，事后也可以运用杰出的能力进行补救，不过，对一个建筑师来说不那么容易，而对于建筑物则是十分危险的。通过分析这位公爵的举措就会发现，他本人的确是为将来的权力奠定了极牢固的基础，对此加以分析很有必要。

除这位公爵的例子外，我想不起还有什么更合适的教训能提供给一位新君王。虽然他所有的措施没能带给他成功，但这是命运对他不友善地打击，并非是他的过错。

为了提高他的儿子瓦伦蒂诺公爵的权力地位，教皇亚历山大六世面临着当时的和后来的种种困难。首先，他想不出有什么方法可以让公爵登上教廷辖地外任何一个国家的王位。他很清楚，如果他去夺取原本属于教皇管辖的国家，米兰公爵和威尼斯人肯定会反对的，因为法恩扎和里米尼都已受到了威尼斯的保护。此外，他还明白，尤其是本来可以调用的军队，全部掌握

↓ 教皇亚历山大六世像。

↑居鲁士像。

在那些对教皇势力的扩张心存畏惧的人们的手中，他们是奥西尼家族和科隆内家族或是他们的追随者，因此无法依靠他们。所以，他必须使意大利各国陷入混乱，以改变这种局面，这样才能更利于控制某些国家。他发现很容易就能做到这一步，他发现威尼斯人为别的理由所驱使，乐意再度将法国人引入意大利。他很高兴这样做，而且主动帮助法国国王路易将过去的婚姻关系解除了，使事情更容易进行。在威尼斯人的大力帮助和亚历山大的同意之下,法国人能够在意大利长驱直入。路易刚抵达米兰，教皇便向他借兵去夺取罗马尼阿，法国国王则为了壮大自己的声威很慷慨地出兵相助。而罗马尼阿因为慑于法国国王的威名，便向教皇臣服了。

在夺取了罗马尼阿，征服了科隆内后，公爵要想稳定地统治这个地区，依然存在两个障碍：首先是他的军队很难算得上是忠诚，其次是法国方面可能会反对他；换句话说，他很担心他曾赖以成功的那支由奥西尼领导的军队会不服从指挥，这样它不仅会阻止他去攻占更多的领土而且可能攫取他已经到手的果实，并且法国国王甚至很可能也有这样的企图。公爵在攻下了法恩扎后又前去进攻波洛尼亚。奥西尼对此表现得十分冷淡，对此他很是明白；当他攻占了乌尔比诺公国，法王迫使他放弃了远袭托斯卡纳，这件事情，让他了解了法王的想法。于是，他下决心再也不依靠命运，再也不依靠别人的力量。

↑洛伦佐像。

公爵所要做的第一件事，就是设法削弱奥尔西尼和科隆内这两个家族在罗马的羽翼，因此他尽力争取那些曾追随那两个家族的贵族，给予重赏使他们站在自己这边，并且按照他们的爵位分别委以文官武尉。这样，没有几个月，他们原先对罗马帮的感情全都烟消云散，他们完全站到了公爵这边。后来他又设法摧毁了科隆内家族，并且找机会消灭奥西尼家族。终于有机会了，他对此把握得很好。因为奥西尼（虽然为时已晚）终于意识到：公爵和教廷的势力扩大将会导致自己的灭亡，于是他在佩鲁的马焦内村如开了一次会议。结果，爆发了乌尔比诺的叛乱，还有罗马尼阿发生了的骚动。

这使公爵几乎陷入困境，然而所有这一切危险在法国的帮助下他都得以克服。公爵又一次声威大震。此时他对法国和其他的外来势力不再信任，但是公爵很懂得怎样将自己的意图掩饰起来，

↑ 曼沙阿的大流士大帝浮雕。

他因此就不得不用一些阴谋诡计。他为了通过保罗的周旋同奥西尼家族达成和解，他用送钱、送衣、送马等方法尽力去讨好保罗，这事办得十分的妥当，最终将他们在西尼加利亚一网打尽。这些首脑被处理后，他又让他们的党羽变成自己的朋友，为自己的权力奠定了很好的基础，这时除了乌尔比诺公国，他已将罗马尼阿全部控制了，尤其是他确信自己已赢得了罗马尼阿人的信任，并且赢得所有民众的拥戴，因为人们对他们已经开始过的幸福生活都感到满意。

有一个问题应当引起人们的重视，并且值得他人借鉴，所以不能把它略而不谈。当占领罗马尼阿之后。公爵发现，罗马尼阿过去处在一些愚钝的首领们管理下，与其说他们是在管理，倒不如说是掠夺属民。

他们造出各种事端，使人民分崩离析而无法团结一致，以致地方上充满了盗贼、纷争和各式各样的暴行，他认为只有建立一个好政府，才能让地方上保持安宁、使民众服从管治，于是，他委托冷酷而机敏的麦瑟·雷米洛德·奥尔科全权负责。此人只用了很短的时间就让地方上恢复了安宁与统一，一时间声名大振。不过公爵害怕引起民愤，感觉再没有必要赋予他如此过分大的权力，于是在那里设立了一个公民法庭，而且还委派了一位很优秀的首席法官，每个城邦在那里都有自己的辩护人，公爵很清楚以前的措施过于严厉，已导致了不少人的憎恨，因此应该想法子安抚他们,尽力将他们争取过来,他想要向人们表明:曾经发生的那些过分残忍行为，并非是由他本人所发动,而是来自于他手下那些天性刻薄的大臣。

于是他抓住时机,在一个早晨,当众把麦瑟·雷米洛腰斩在切泽纳广场，一块木头和一把血淋淋的屠刀就扔在尸体旁边。这种残忍场面让人也懔然生畏，同时也让那里的人民感到痛快淋漓。

到了这个时候,公爵已经发展得十分强大了,他对解决面临的困境已经胸有成竹。于是他如愿

↑保罗三世（1534-1549）。

→ 奥然密亚王雕像。奥然密亚王是贝宁王第二王朝的建立者。从雕像中不难看出奥然密亚王的英武。

以偿地进行武装，将可能对他构成威胁的邻近势力全都消灭。不过要是他想继续进行他的伟业，就不得不考虑一下法国国王。他很清楚，法国国王不可能容忍公爵进行新的扩张了，他已经认识到自己犯了一个悔之莫及的错误。所以公爵开始敷衍法国，并设法重新寻找盟友，当法国人进攻那不勒斯王国以及攻打围困了加埃塔的西班牙人时，公爵就采用了这些措施，这样可以使他免受其害，不过要是教皇亚历山大还活着，他就会更快地如愿以偿。因为这是他对付当前事务惯用的手法。

然而公爵一想起将来的事务就忧心忡忡。首先，教廷的新的继承者也许会对他不友善，可能会将教皇亚历山大给了他的东西剥夺，为了预防这些，他采用了四项措施以自保：第一，斩尽杀绝那些已被废黜的一切统治家族的后裔，使教皇将来找不到可乘之机使他们在世袭的领土上复辟；第二，如前所述，尽力争取罗马的所有贵族支持自己，这样可以利用他们来牵制教皇；第三，尽可能使枢机主教团倾向自己这边。第四，趁着教皇未全力夺取更大的权力，从而能够只靠自己的实力来抵御最初的进攻。公爵在亚历山大去世前已经完成其中的三件事，第四件也接近于完成：那些废黜的统治者在他不遗余力的杀戮下，很少有幸存者。罗马的贵族已经站到了他这一边，而枢机主教中也有多数对他表示支持。

↑教皇英诺森十世像。罗马多利亚美术馆藏。

至于下一步的行动，他想要统治托斯卡纳。他已经将佩鲁贾和皮奥姆比诺占领了，并且已将皮萨置于自己的保护下。只要不再对法国存有顾忌（其实法国人已被西班牙人从那不勒斯赶走了，他已无需顾忌，因为他们双方都需要向他讨好），就能马上占领比萨，那时卢卡和锡耶纳出于对佛罗伦萨人的妒忌，再加上恐惧，很快就会投降。对此，佛罗伦萨人也只能无可奈何，本来在亚历山大去世那年，他就可以将这些计划实现的，这样他就具备了足够的实力和声威而完全自立，再也不需要依赖运气和别人的力量，而是全凭自己的力量和能力。

在公爵四处征战五年后，亚历山大死了。他留给恺撒的是处在两个强大的敌军之间的罗马尼阿，除了它还比较巩固，其它的地方都悬而未决，并且公爵这时已病入膏肓。然而，公爵既勇猛又卓越，又深谙拉拢人的手腕或是争取不来则予以毁灭的道理，公爵在极短的时间内就为自己奠定了牢固的基础，如果不是强敌压境，如果他身体健康，他完全可以克服一切困难。

我们从罗马尼阿人曾连续等了他一个多月可以看出，他有很稳固的基础；在罗马，尽管他半生半死，可他的地位依然非常的稳固。虽然巴利奥尼人、维泰利人和奥尔西尼侵入了罗马，可是在那里他们找不到反对公爵的追随者，因此无法对他采取进一步的行动；公爵虽然没有能让他中意的人成为教皇，但他至少也阻止了他所反对的人当选。如果亚历山大死的时候他还健壮，事情就会好办多了。在朱利叶二世就任那天他曾对我说，他早就预感到当他的父亲死时可能发生的一切事情，而且都已经找到了解决的方案，惟独没有料想到的是他父亲死时他自己竟也会濒临死亡。

↓ 喜爱荣耀的阿基里斯。

如今我们回想一下公爵的所作所为，我认为不但没有非难之处，反而很是值得称颂，他很是值得那些依赖幸运或别人的力量获取统治权的人效法的。他有远大的目标，足够的勇气，他只能采取这些措施，舍此并无他途。只可惜由于亚历山大短命和他本人患病，才使他的宏伟壮志成为泡影。

一个人为了保证他的新的王国领土免受外敌的入侵，就必须争取朋友，必须依靠力量或讹诈去制胜，要让人民对自己又爱又惧，让军队服从自己又尊敬自己，要将那些能够或者危害自己的人灭掉，必须改变旧制度，要宽宏大量且慷慨好施，要严峻又能让人感恩，要摧毁不忠的军队，征募新军，要同各国国王和君王搞好外交关系，让他们要么殷勤相助要么根本不敢得罪自己，那么我想，公爵的行动将是最好的最新鲜适当的例子了。

在此我们惟一能够指责的，就是他曾支持朱利叶当选教皇。这对于他是一个错误的行动，前面已说过，就

亚历山大七世（1655-1667）。

↑《君士坦丁堡》。欧杰内·弗朗丹（意大利）作。

算找不到一个让自己中意的人作教皇，他也有足够的能力去阻止一个他不喜欢的人获取那个职位，无论如何也不应该让一个被他所伤害过或者上任后就对他怀有恐惧的枢机主教当选教皇，因为人们出于恐惧或者出于仇恨都会加害于公爵。被公爵开罪的人有：圣·皮耶罗·阿德·温库拉、科隆内、圣·乔治和阿斯卡尼奥等，除了罗阿诺和西班牙人之外，别的人只要是做了教皇，就一定会害怕公爵。

西班牙人曾受惠于他并且是他的盟友，罗阿诺则由于与法兰西王国关系紧密而拥有权力。因此，公爵本应该竭尽全力来举荐一位西班牙人来做教皇，若不能成，也应当选择罗阿诺，而决不该选圣·皮耶罗·阿德·温库拉。要是认为施以新的恩惠就能使一个大人物抹去昔日所受创伤，那简直是在自欺。这一次公爵选择的失策，最终导致了他自身的毁灭。

# 第八章　以邪恶之道获取君权的人们

还有别的两条途径，可以由平民而崛起而成为君王，这两条途径都不能完全归诸幸运或者能力，因此不能略而不谈，其中一个方法，以后在论述共和国的时候还会更加详细地进行讨论。这两条途径就是：一个人利用邪恶卑鄙的手段成为君王，或者是一个平民得同胞之助而成为故土的统治者。我想用两个事例来加以说明第一条途径，一个是古代的，一个是当代的。我想那些打算用此道进行钻营的人，有了这两例就足矣，没必要深究其中的功与过。

↑柯西莫一世的妻子埃莱诺娜和儿子乔凡尼·德·梅迪奇。

阿加托克雷，是西西里低贱下流的平民，但最终却成为叙拉古的国王。他是陶工的儿子，一向都过着邪恶的生活，可是他的精神和肉体两方面的邪恶行径却展示出不可思议的力量。他投身军界后就平步青云，一直做到叙拉古的执政官，

↑凡尔赛宫的战争画廊，曾是王子和亲王的住处。

获取这个职位之后，他就下决心要做君王，并打算依靠暴力而非别人的恩惠来实现他的企图。为此，他还取得了迦太基人哈米卡的支持。那时哈米卡正率军在西西里作战。一天早上,他以共商国是为名，召集叙拉古人民和元老院来出席会议；然后他发出一个事先约定的暗号，他的士兵就动手暗杀了那些元老和富豪们。等杀戮结束后，他就夺得了对这个城邦的统治权，而且不曾遇上公民们的一丝反抗，虽然迦太基人两次打败了他，最后将该城围困，可是他留下一部分人马保卫城市，以其余军队去攻取非洲。这样他很快就解除了锡拉库萨之围，而且又让迦太基人陷入窘境，最后他们不得不同阿加托克雷讲和，这样迦太基人占有

→皇后阿赫特的黄金手镯。皇后阿赫特的统治时期在第十七王朝，此手镯是古埃及十八王朝国王为其制作，从手镯可以看出当时皇后和帝王的尊贵。

了非洲，而西西里归阿加托克雷统治。

考察一下阿加托克雷这个人的种种行径，你会发现他毫无或者很少得到命运宠爱。如前所述，他只是历尽艰难险阻在军队中渐渐向上爬，几乎没有得到他人的鼎力相助，最终他得到了君权，为了维持统治，他采取了好多冒着风险的决策，屠杀人民，出卖亲朋，不讲信用，没有恻隐之心，更无宗教信仰，以如此操行只可以获取统治权，是谈不上任何德行的，更不会赢得荣耀。可是想想阿加托克雷在险境中出生入死、饱受艰难所表现的大智大勇，并不逊色于任何出类拔萃的将领。不过他的野蛮残忍和不人道，以及数不胜数的卑劣行径，让他没有资格跻身于那些卓越的人物的行列。因此，我们不能轻率地把他取得的成功归之于幸运或是才能。

在我们这个时代，亚历山大六世当政时，

↓ 耶酥的复活。该作品是拉斐尔应红衣主教朱利奥·梅迪奇邀请为法国纳博纳教堂绘制的祭坛画，也是拉斐尔临终前的最后一幅杰作。

☐ 查理曼大帝像（1365-1380）。现藏于法国巴黎卢浮宫博物馆。

☐ 苏莱曼一世（1494 - 1566），奥斯曼土耳其帝国苏丹（1520-1566 在位）。

费尔莫市民奥利维罗托是一个幼年丧父的孤儿，由他的舅父乔万尼·弗利亚尼抚养长大，年青时他就在保罗·维泰利手下当兵，希望在那里能受到精心培植，有一日能够飞黄腾达。当保罗死后，他又服役于保罗的兄弟维泰洛佐部下，由于他身强力壮加上机智勇敢，在极短的期间内就成为维泰洛佐军队中的首要人物。可是他不甘久居人下，打算在某些认为受奴役胜过他们家乡的自由的费尔莫市民和维泰洛佐的帮助下前去攻打费尔莫，于是他给乔万尼·弗利亚尼写信说：多年背井离乡，他非常渴望回去探望他和故乡，同时能看看自己的遗产；他还强调说，自己除了荣誉别无所求。他请求允许他带着由他的朋友和侍从组成的一百名骑兵荣归故里，让同胞看看他在外面并未虚度光阴，他叮嘱他的舅父好好安排，以使他受到费尔莫人民荣誉的迎接，声称这一切不仅是他自己的荣誉，而且还是乔万尼本人的荣誉，因为他是乔万尼抚育长大的。

乔万尼竭尽全力满足了这位外甥的要求，使他受到了费尔莫人民的热烈欢迎。利维罗托就住在自己的家里，经过几天精心策划的密谋之后，他召开了一个非常隆重的宴会，会上邀请乔万尼·弗利亚尼和费尔莫的所有政要人员出席。当酒足饭饱，宴会惯有的节目也都进行过后，利维罗托依照事先预定好的设计作了一次一本正经的演讲，大肆颂扬教皇亚历山大和他的儿子恺撒的丰功伟绩。当乔万尼和在场的人对此有了回应，利维罗托站起身来说，应当在一个隐蔽的地方来讨论这些国家大事，并先行退入一个房间，当乔万尼和其他人随后跟进，尚未落座，事先隐藏好的士兵们就冲了出来，将他们全都杀尽。利维罗托等进行完杀戮后，就纵马包围了王宫，于是君王惊恐不已，被迫承认了一个由利维罗托掌权的政府。

↓《摩西》。米开朗基罗作，梅迪奇家族收藏。

将那些心怀不满并对他构成威胁的人消灭后，利维罗托颁布了一系列新的民政和军政的措施来加强他的统治，在他当权的这一年中，他不但在费尔莫立稳了脚跟，而且还成为所有邻国畏惧的对象。其实，当恺撒·博吉亚征服了奥西尼和维泰利后，利

→ 弗朗切斯科·马里亚·迪费尔（迪南多二世）像。

维罗托将会像阿加托克雷一样难以被推翻，但是他在西尼加利亚上了公爵的当，在他蓄意灭亲不到两年，他就被判处了绞刑。一同被处死的还有他的恩师维泰洛佐。

有很多的人会对此感到奇怪，像阿加托克雷那一类无比奸诈残暴之徒，怎么却能在国内安然长久地统治下去，既不受外敌的入侵，也没有人民起来造反，而好多人，不必说在成败未定的战争中，就算处在和平的时候也无法通过残暴的手段维持统治。我觉得，最根本的区别就在于善用暴力还是滥用暴力。“善用”（如果作恶也可以用“善”这个字的话），是指征服者偶尔使用一下暴力，多半出于为自身安全所迫不得已，并且决不能反复使用，除非能为臣民谋得更大的好处。所谓“滥用”则是指，虽然开始时暴力并不多用，但后来却与日俱增，而不是越来越少。采用前一种方式的统治者，若还能得神、人之助，就会像阿加托克雷那样，可以取得很巩固的地位；而用第二种方式的君王就很难保全自己了。

所以，明智的统治者在攻下一个国家后，应当首先明确自己不得不采用的侵害行为范畴，并力争做到毕其功于一役，这样就不需日后再重复进行，因为，如果一再发生侵害行为，就可以重新让人们有安全感，然后再通过施恩布惠的方法尽力将他们争取过来。如果反其道而行，不论是因为怯懦还是受人唆使，你的手中总是握着刀剑，这样就永远不能够让他的臣民信赖，由于他的不断的侵害，人民就会失去安全感。因为损害行为

↓ 里斯本的杰洛尼莫许修道院。从大门往右边走可看到亨利王子与基督十二门徒的雕像。

应该一次干完，这样臣民才能少受折磨，他们的积怨就会减少；而恩惠则应一点儿一点儿地赐予，只有这样才能让人们更好地感受到恩惠。

总之，明智的君王不应当远离自己的臣民，这样可以防止事件意外地发生，以免迫使自己改弦易辙，不管是坏事还是好事，因为，万一事情发生在不利的时期，这时再采取严厉措施补救就会为时太晚；这样的情况下，你即使行善也无济于事，因为人们这时会认定你是迫不得已，他们对你的举动不会有任何的感谢的。

# 国民、军队、教会政治

因为臣民长期听从官僚们的命令，当国家陷入逆境时，他们很难听从君王的统治；况且处于扰攘之际，君王尚不能找到可依赖的人。所以这样的君王不能被天下太平时的景象所迷惑：当太平之世，公民有求于君王的权威，所以他们人人都信誓旦旦，表示愿意为君王而献身，那是距死还很远的时候。真正到了环境逆转，君王极需援助的时候，却发现只有极少数人愿意赴汤蹈火。因为这样的考验只可能遭遇到一次，所以更具有危险性。因此，一个明智的君王要设法让他的百姓永远地、在任何情势之下都有所求于他，这样才能让他们永远效忠于自己。

↑ 罗马－圣母大殿镀金的花格平顶天花。

# 第九章　公民君主国

下面我们要说另一种情形。我将一个平民不是依赖行凶作恶或者暴力手段，而是得到同胞的援助而做了君王的国家，称为公民君主国。

而要想取得这种地位，既不是仅仅依靠能力，也不是只靠幸运，所要的是一种侥幸的机智，用这种方式得君权，若不是民众支持，就是富人支持，由于在每一个城邦存在有两个对立的派别。公民君主国的由来就根源于此：平民不愿受富人奴役和压迫，而富人则喜欢奴役和压迫平民，这两种对立的需求在城市里便产生了以下三种的后果：要么就有一个绝对政府存在，要么就出现自由，要么就是法纪无存，一团糟。而绝对政府可以由人民组成，也可由贵族创立。

↑伊巴密浓达，希腊城邦底比斯的将军与政治家。其领导底比斯脱离斯巴达的控制，并且使底比斯跃升为一等强国。

君王不是出自于人民就是来自于贵族，这就要看是那一方能够占有上风。当贵族发现自己没有力量与人民对抗时，他们就抬出其中的某一个

→ 菲利浦·波特墓。藏于法国巴黎卢浮宫博物馆。此为法国勃艮第地区的陵墓雕刻，主体为一军官雕像，左右两侧各有四尊修士雕像。

有才能的人，并且让他成为统治者，以便通过他在权力的庇护下能实现他们的愿望。人民也如此，当他们感到无力与贵族对抗时，他们就会支持自己当中的某个人获得君权，以便得到权力的保护，在有钱人的支持下获取权力，要比在人民支持获取的权力更难以保持，因为君王的周围有许多自以为与他平起平坐的人，因此他很难按照自己的意愿对他们进行统治。

但是，一个在人民的支持下登上王位的君王，君王自己是巍然独立的，他的四周或许只有极少数人会违抗他的命令。此外，统治者如果公正无私、不损害他人，贵族虽然会对他不满，但人民一定会支持他，因为人民的目的远比贵族的目的要高尚而公正。前者只是希望能不再受压迫，而后者则想要进行压迫。另外，毕竟人民为数众多，如果人民满怀敌意，君王永远是无法安稳的。同贵族作对则不会对君王构成危害，因为贵族为数少。当然，作为一个君王，他能够预料，对他有敌意的人民所作所为，不外乎将他抛弃，而那些敌对的贵族，他们会起来反对君王。因为贵族要比人民更加敏感而富有洞察力，他们总能设法让自己获救，并能从他们所预料的将会获取胜利的人那里取得支持。但是，君王还是应当与人民站在一起，因为即使没有贵族，他一样可以行使权力。并且他能够随时设立或者废黜贵族，能随心所欲地给予毁誉。

↓ 教皇保罗三世和他的孙子们。

为了更好地解释这个问题，我想应该从两面对贵族进行分析。首先看支配他们自己行动的方式是不是完全以君王的命运为转移。若是，而且这些贵族又不贪得无厌，那就应当尊重和爱护他；若不是这样，那么就需要考验一下他，看他之所以这样是不是由于懦弱与天生的缺乏胆略，若是，那么你可以利用他们，尤其是那些能够出谋划策的人，因为，在你国运昌盛的时候他们将尊重你，当你遇上厄运时也没有必要对他们害怕。但是如果他们故意疏远你出于自己的野心，这就证明了他们想着自己的利益，多于想着你的利益，君王必须提防这样的人，将他们视作敌对分子，否则一旦逆境临头时，他们常常要反叛你，加快你的败亡。

↓ 卢浮宫的汉尼拔雕像。

因此，一个若因民众的爱戴而为王的人，就必须维持民众对他的好感，而这是容易做到的，因为民众所要的，无非是摆脱受压迫而已。但一个与民作对的依靠贵族的拥戴而为王的人，登基后，最最要紧的事是设法将人民争取过来。而做到这一点并不算难，只需要把百姓置于自己的保护之下就可以了。这样，人们从一个原本担心身受其害的君王那里领受其恩，这将促使他们更加亲近他们的统治者，所以他若给了人民期望不到的好处，人民的倾心拥戴，将会超过因他们之爱戴而成为君王的人。

赛萨洛尼基海滨的亚历山大大帝像。

所以，明君要赢得民心有许多的方法。这些方法将依据各种情况而互不相同，我们无法制定出通行的准则，所以恕不赘述。但我将断言：君王必须同人民保持友谊极其重要，不然一旦当逆境到来，你将没有任何办法。

斯巴达的君王纳比斯，抵御了所有希腊人和一支罗马常胜军的围攻，保住了他的城邦和他本人的地位而获得胜利，当危难降临的时候，他只要采取一些措施，处置几个罪大恶极的公民就可以应付，但此刻若是人民都对他怀有敌意，那么这样的方法根本就起不了作用。

这里，切莫征引相反的那个陈词滥调来反对我，那句格言是："在人民身上煞费苦心，就好像是在软泥上建筑房屋。"这句话只是对于庶民而言，一个庶民如果立足于人民，一厢情愿地认为当他被敌人或长官们欺压时，其他的人会来支

↑ 美第奇陵中的雕像《思想家——洛伦佐·梅迪奇》。米开朗基罗作品。

援他；这无异于是自己欺骗了自己，这就如同罗马的格拉奇和佛罗伦萨的麦瑟·乔吉奥·斯卡利遇到的那种情形一样，他最终将发现上了大当。但是君王若将自己的力量建立在人民之上，他将能发号施令，身处逆境而不会动摇，而且若还能做到以身作则，以自己的果敢与谋略吸引大众，那么他将不会被人民所负，他将为自己的统治奠定下良好的基础。

这种公民君主国从平民政制转向专制政治的时候，常常会出现危险。因为这类君王不是亲自施政就是通过官吏进行指挥的。如果是后一种情形，那么君王将会更加软弱无力，他们常常会受制于那些把持实权的官僚的意志，在危险时刻，他们若是采取行动反对君王或是拒不服从君王的命令，很容易篡权夺位，而处在危难中的君王已经无法行使绝对的权力了。

因为臣民长期听从官僚们的命令，当国家陷

入逆境时，他们很难听从君王的统治；况且处于扰攘之际，君王尚不能找到可依赖的人。所以这样的君王不能被天下太平时的景象所迷惑：当太平之世，公民有求于君王的权威，所以他们人人都信誓旦旦，表示愿意为君王而献身，那是距死还很远的时候。真正到了环境逆转，君王极需援助的时候，却发现只有极少数人愿意赴汤蹈火。因为这样的考验只可能遭遇到一次，所以更具有危险性。因此，一个明智的君王要设法让他的百姓永远地、在任何情势之下都有所求于他，这样才能让他们永远效忠于自己。

## 第十章　如何衡量君主国的军力

在分析不同君主国性质的时候，必须注意另一问题，那就是，一个君王在遇上困难时，是依靠自己的力量解决困难，还是经常需要他人援助。我认为只要他能拥有的人力、财力能够募集同敌人相当的军队，那么他就有能力依靠自己的力量

↑路易·菲利浦国王。

反击任何入侵者。

那些必须依赖他人的君王，是指本身的力量不足以和入侵之敌在战场上周旋，而只能被迫躲在城墙后面加以固守。我们在前面已经讨论过前一情形，以后有机会还会谈到。遇上第二种情形，我将鼓励这个君王不要顾及城外的领地，而只管备足粮草，固守城防，此外再没有什么良策了。任何一个统治者，如果在自己的城外已筑起了坚固的堡垒，另外他和臣民之间相处得很融洽，那么将没有外敌敢贸然来侵犯他。因为没有人愿意去做一件困难重重的事，去进攻一个壁垒森严、且其统治者又不为其人民所恨的国家，这显然是很难成功的。

日耳曼的城邦中只有很少的农田，人们是完全自由的，他们一点也不害怕统治者或邻近的那些君王，要不要服从统治者则要根据他们的意愿。因为他们早已做好了防御体系，谁都知道想要攻陷这种城市将旷日持久，异常的艰难。因为所有的城市四周都筑有适当的壕沟与城垣，装备有足够的大炮，而官仓中还储有足够一年之用的食物和燃料。同时，为了保证人民供给，官方也没有损耗，它们一年到头总是能够让民众在关系该城市命脉的劳动中和供给人民衣食的行业中工作。他们同时也十分重视军事训练，而且制定许多与此相关的规章制度。

↑阿方索五世的半身雕像，现藏巴黎卢浮宫。

所以一个拥有坚固的城市，又不曾积怨于民的君王，一般不会受到攻击。假如有鲁莽来犯之敌贸然进攻，必将狼狈不堪地退兵。因国事上的事情总是千变万化，让一支军队整整一年无所事事地围城扎营，实在是不大可能。

倘有人提反驳说：那些在城垣之外拥有产业的人民，如果眼看着他们的产业将毁于战火，他们会失去耐心，而他们保卫私产的利己之心，会导致他们忘记对君王的爱戴。可是我认为：凡是坚强勇敢的统治者总能克服眼前的困难，他有时

用希望来鼓舞臣民，说面临的苦难终将完结，有时他用敌人的残酷来引起他们的恐惧，然后，对于那些乘乱图谋不轨的臣民，他会很巧妙地处理，以此来保证自己的安全。

此外，入侵的敌人总会在城市四周烧杀劫掠，这时要是城中的士气旺盛，人民的抵抗心很强，那么君王绝不能犹豫不决，不然拖延时日，一旦士气消沉，举城将危，灾害临头，那就无可挽救了。当然在人民下定决心一同抗敌时，人民的房宅家产也会随着君王的抵抗行动毁于兵火，所以君王显然要对人民负有责任，但是人民也许会更加义无反顾地与君王站在一起。所以不管是施惠也好，受惠也好，同样能使君民团结在一起。一位明智的君王，只要他备好粮食，防守得当，那就完全可以让他的臣民团结起来，保持坚定意志以抵抗外御。

↑德·蓬帕杜尔夫人像。蓬帕杜尔夫人原名让娜·安托瓦内特·普瓦松，出生于巴黎的一个金融投机商家庭，后成为路易十五的情妇，接着成为国王的私人秘书。路易十五封她为蓬帕杜尔侯爵夫人。

↑高卢战争中的头盔。

# 第十一章　教皇国

现在只有教皇国有待探讨。这种国家，其主要的困难是来自于夺取政权之前。获得这样的国家依靠的不是能力，就是幸运，而想要维持它却不靠以上二者，而是靠历史悠久、相沿成习的宗教规则。这些教规至今仍然十分强大有力，并且具有这样一种特性：让君王把持权位，对他如何行事和生活却不加过问。

←教皇庇护五世的遗体（1566-1572）。

↑ 西斯科特五世（1585-1590）。

然而，国没有防备却无人篡夺，臣民没有受治理却毫不介意，而且也不可想象会出现君王和臣民之间相互背离的事。这样的君主国无疑是安全和幸福的。这样的国家之所以能够维持，是由于得到了人类智力难以企及的崇高理想的支持，这里我就不谈他们了，因为他们得到了上帝的选拔，为上帝所维持，若想对此进行讨论，只能表现出人的愚蠢。

不过，或许有人会问我，教廷怎么会在世俗事务中获得这样强大的实力？在教皇亚历山大六世之前，意大利的掌权者们（不仅包括是这些被称君王的人，甚至是小小的贵族和领主们），在世俗事务方面从来不将教廷放在眼里，可如今就连法国的国王都会对它怕得发抖，因为教会有能力将法国人驱逐出意大利，并且毁灭了威尼斯人。尽管这是众所周知的事，但是我还是觉得有必要回忆一下。

法国国王查理入侵意大利之前，统治这个地

方的有教皇、威尼斯人、那不勒斯国王、米兰公爵和佛罗伦萨人。这些统治者时时操心这样两件事：第一是阻止外国军队入侵意大利，第二是在他们之中谁都不得扩张领土。在这中间，教皇和威尼斯人是大家的眼中钉。

为了对威尼斯人进行抑制，就像为了保卫费拉拉一样，其他小国必须联合结成同盟。而为了遏制教皇，他们把罗马的贵族分裂为奥西尼和科隆内两个派别，并让他们相互冲突，他们手执武器面对教皇，让教皇感到胆战心惊。虽然间或也有一两个教皇像西克斯图斯那样勇敢，但是无论命运还是机谋都未能让他们解除烦恼。教皇当权的时间短促是一个原因，因为一个教皇平均只有十年在位的时间。他很难在就任的时期中镇压两派中的任何一派。还有，即使某一个教皇几乎要将科隆内那家镇压了，可是等新的教皇上任，很可能会与奥西尼家为敌，这样他就会让科隆内那家再度崛起，而为了扶持科隆内一派，他就拿不出足够时间去毁灭奥西尼一派。这就是为什么教皇的世俗权力始终在意大利无足轻重的原因。后来，亚历山大六世崛起了。他继位之后，很快就超越了过去的教皇，在所有的教皇中，只有他表现出一个教皇能够利用金钱和武力之助来实现自

↑教皇庇护三世（1439年5月9日-1503年10月18日）。

↑ 洪诺留三世（1216-1227）。

己的目的。他将瓦伦蒂诺公爵当作工具，并且抓住了法国入侵的大好机会，做出了我的先前谈论公爵的业绩时已经说到的非凡成就。尽管亚历山大的本意只是为了帮助公爵发展势力，而并非打算尽力扩张教廷势力，可是他努力的结果却是让教廷势力取得了飞速的发展，当他去世，并且公爵也灭亡之后，教廷就完全享用了他的劳动成果。

然后教皇朱利叶二世上任。当他即位的时候，教会空前的强大，它已成了罗马尼阿全境的主人翁，贵族们已被镇压了，而贵族们的帮派之争也在亚历山大凌厉的打击之下消失了。

新教皇还发现了在亚历山大之前不曾有过的敛财的方法，所有的这些方法，朱利叶不仅完全继承，而且还将之发扬光大，增加一些新措施，他决定占领波洛尼亚，征服威尼斯人，然后将法国人驱赶出意大利。所有这些战略设想的实现为他带来了极高的声誉，不过更值得赞美的是他的所作所为都是为了要增加教会力量，而并非为了要发展个人的力量。他又设法让奥西尼的科隆内两派永远保持在他当权之初的情形；两派各得其所，各守本分。

在他们当中虽然有一些可以左右局势的人物，但有两件事将他们牢牢地控制：其一是教廷的强大，让他们有所畏惧，其二是禁止他们之中的任何人担任枢机主教的职位，因为这种职位是党派之间发生斗争的根源。

如果他们中有人上任枢机主教，那么就会出现无休止的党派之争，因为这些主教一定会在罗马内外扶植他们的同党，贵族不得不对他们进行保护，就这样主教们的野心就会招致贵族之间的相互发生冲突。

我们期望教皇利奥陛下应当明察教宗职位强有力的作用。陛下前任已经依靠的坚甲利兵使这一神圣的职位变得无比重要，如今陛下无尽的美德与博爱，将使这一职业更加的辉煌与崇高。

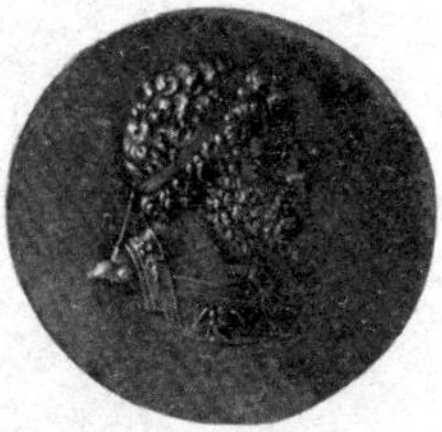

↑ 让敌人闻风丧胆的“马其顿方阵”的发明者，马其顿帝国的缔造者，成功的教育家，世界之王亚历山大大帝的父亲，马其顿国王腓力二世。

# 第十二章　军队的类型以及雇佣军

我在本书开头时就提出来要讨论的种种君主国的特性，现在已经详细论述过了；并在多方面分析了这些君主国盛与衰的理由以及缔造王国和维持王国的各种措施，现在需要约略分析一下他们可能采取的攻防措施。

→《大卫》。米开朗基罗作品，当时被梅迪奇家族收藏。

我们在上面已讨论过君王必须将统治建立在牢固的基础之上，不然将会招致灭亡。而所有的国家，不管是新的国家、旧

⊟《入侵布雷达》。

的国家或是半新半旧的混合国，其立国的根本乃在于健全的法律和优良的军队，因为若没有优良的军队，法律就无法健全；所以拥有良好的军队则必然有健全的法律。

在此我暂不讨论法律，而只谈谈军队。我认为君主国用以保卫其国家的军队有这样几种，要么是他君王自己拥有的，要么是雇佣军或外国援军，还有就是不同方式混合而成的。外国援军和雇佣军有害无益；君王若将统治建立在雇佣军身上，那么他将既不能安定，也不能保障其安全；因为这类军队是分崩离析的。他们骄傲自大，各怀野心，风纪败坏，不讲信义，在朋友面前则耀武扬威，在敌人面前则胆怯懦弱。他们对上帝不敬，对朋友不诚，那么你之所以能迟迟不落败，仅仅是敌人延迟了对你的进攻而已。因为和平时期有这些雇佣军对你掠夺，而在战争时期又有你的敌人对你掠夺。

发生这样的情形，主要是因为在于：他们的动力除了那些佣金之外，根本不存在爱戴，也没有别的更好的理由，能让他们坚守在战场；而那些微薄的佣金根本不足以让他们为你出生入死。所以只要没有战争，他们就乐于做你的兵，如果战火燃起，他们就会溃不成军或是溜之大吉。想证明这是很容易的。因为近些年来意大利的土崩瓦解，就是多年以来依靠雇佣军导致的。

当然也有一些君王的确从其中获得了利益，在相互之间的争斗中雇佣军也表现得骁勇善战，可是一旦强敌压境，他们就会显出原形，结果法国国王查理手中挥舞着粉笔就可以攻入意大利。有人说，落得这样的下场是我们的过错。或许他说得没错。但绝不是他所想到的那些过错，而是我这里已经论及的君王们的过错，他们最终为此付出了代价。

我打算更进一步来指出这种军队的不可靠性。雇佣军的首领们有能干的,而有的则是无能之辈。如果他们非常的能干，那么他们就无法取得君王的信任，因为他们总是设法为自己谋取权力。这样的结果不是威胁自己的君王，就是违反君王的旨意去压迫他人。反之，如果是一个没什么能力的将领，很可能你就会毁在他的手上。

或许会有人这样说，不管是不是雇佣军，他们手中只要掌握了武器，都会对你造成威胁。可是我认为，当一个国家不论是君主国还是共和国如果必须出兵，那么君王应当亲自挂帅，身临前线。共和国则就当派遣一位合适的公民前往，若是被派出的人不足以胜任，那就当及时予以撤换；如果这个人有能力胜任，那么也应当用法律来进行约束，以使他不至于越轨。

《大卫与歌利亚》，约公元 1123 年西班牙壁画。

以往的经验表明，只有自己带兵行动的君王和武装起来的共和国才能够终成大业，而雇佣军充其量是成事不足而败事有余。而且要让一个用自己的力量武装起来的共和国服从其下的某一个公民的意志，远远难于一个依靠外国力量武装起来的国家。

罗马与斯巴达因为自己有武装的军队，故能维持好几个世纪的自由。而武装得最彻底的瑞士人，则享受了完全的独立与自由。而与此相反，迦太基人则为我们提供了一个使用雇佣军的危险例子，虽然迦太基人委派了自己的公民去做雇佣军的首领，但在第一次与罗马人开战之后，他们就受了雇佣军队的威胁。

↓ 斐迪南二世。通过与卡斯蒂利亚女王伊莎贝拉一世的婚姻，斐迪南二世实际上成为了统一的西班牙的第一个国王。

埃帕米农达死后，底比斯人请马其顿的菲利浦来担任军事指挥，而取得胜利之后他们的自由却被剥夺了。菲利浦公爵死后，米兰人便雇佣弗朗西斯科·斯福查去攻打威尼斯人，等到卡拉瓦焦一战将敌人打败后，斯福查却同威尼斯人联合起来，掉转矛头击垮了他的雇主，那不勒斯女王乔安娜曾经雇用斯福查之父，担任军队统帅，可是后来突然弃她而去，导致军队的解体，为了挽救她的国家，女王被迫投进了阿拉贡国王的怀中。

威尼斯和佛罗伦萨先前也曾邀请雇佣军来为自己扩张势力，可是他们的将领不但没有自己称王，而且还保卫了他们。可是，我认为在这件事上佛罗伦萨人算是很侥幸，虽然他们很有可能会对那些精明强干的雇佣军统帅感到忧心忡忡，可是那些让他们心存畏惧的能干的统帅中，一些人没有打赢，一些人遇上强大的对手，另一些人则是他们的野心没用对地方。约翰·霍克伍德就是没有能取得胜利的那一类，正是因为他不曾获胜，也就无从谈起他的忠义，但是谁都会明白：如果他打赢了，那么佛罗伦萨人就得归他统治了。

斯福查则有布拉西奇这样强劲的对头牵掣着。而弗朗西斯科则是将他的野心用在了伦巴第，至于布拉奇奥则是忙着把矛头瞄向教廷和那不勒斯王国。看看不久前发生的事情吧。佛罗伦萨请保罗·维泰利做了他们的统帅，此人向来老谋深算，从平民起家而跃至显达，早已是名声显赫，要是他攻下了比萨，那么佛罗伦萨人必将为他所主宰，没有人能否认这一点，因为，既然将他雇用了，那就只好服从于他，不然若被敌方所雇佣，

伊莎贝拉一世，她为了保全国家向斐迪南投降，嫁给斐迪南。

↑《昼》。米开朗基罗参与了设计和装饰梅迪奇家族专用教堂的工作，并创作了《昼》、《夜》、《晨》、《黄昏》四座经典的雕刻。

那么佛罗伦萨人将一败涂地。

如果我们分析一下威尼斯人的所作所为，我们就会发现，他们进攻大陆前，一直都是自己人在作战，无论是武装的平民还是贵族都表现得英勇善战，取得了辉煌的进展，可是当他们转向大陆作战之时，他们抛弃了这种英勇气概，开始学习意大利式的战法。威尼斯人在大陆扩张的初期，一来由于地盘还不够大，加上那时名声赫赫，所以他们一点不害怕雇佣军将领。可是后来，随着卡尔米纽奥拉的指挥，他们攻占的地盘逐渐扩大的时候，他们便开始尝到了这个错误的苦头。由于卡尔米纽奥拉指挥他们战胜了米兰公爵，他们发现卡尔米纽奥拉具有卓越的军事才能。

↑《夜》。

但与此同时，卡尔米纽奥拉则表现得越来越无心征战，于是，他们认为，不可能指望在他的指挥下继续赢得胜利。但是他们又不愿也不能将他解雇，否则他们将失去已经占领的一切。因此他们为了免受其害又确保自己的安全，只好将卡尔米纽奥拉杀了。他们又先后雇佣巴尔托洛梅奥·达·贝尔加莫、鲁伯托·达·圣·塞维诺言、皮蒂里亚诺公爵等为将领，这样他们就处在一种对失败的忧虑之中，最终却一无所获，终于，恶果出现在维拉：800年来他们辛辛苦苦取得的一切，就在一场战役中化为烟尘。由此可以看出，依靠雇佣兵，就算是能有所获取，也是微不足道并还来得又慢又迟，可是由它来断送征战成果，却快得使人难以相信。

我所讨论的例子到目前为止，主要是以意大利为多，因为这些年来意大利雇佣军队控制了意

↑尼科洛·马基雅维利。

大利。在下面的讨论中，我想应当回顾一下他们的过去的事情。我想只有知道了雇佣军制度的起源和发展，才能对其更有效地加以控制。

你一定知道，意大利在早些时候，随着神圣罗马帝国开始在意大利衰败，教皇在世俗事务中获取了更大的权力，那时意大利分崩离析、小国林立，一些大城市的人们武装起来反对他们的贵族。而这些贵族过去是在罗马帝国的皇帝的支持下占领了那些城市的，而教廷，则为了扩充自己的世俗权力，开始援助这些城市，拥护各个城市的反抗。

↓《晨》。

一些城市的公民在反抗中篡夺了统治权，自

立为王。这样，意大利就差不多全部落入了教廷和形形色色的共和国手中。虽然教士与市民控制了意大利，但是他们在军事方面毫无经验，于是他们就开始雇佣外国人来带兵作战。

第一个靠此种军队弄出名望来的，就是罗马尼阿的阿尔贝里戈·达·科尼奥。他的手下出了不少人物，像后来依次成为意大利的主宰者的：布拉奇奥和斯福查。紧随着他们，别的将领又接踵而来，统帅着雇佣军直至今日。而雇佣他们的最终结果是，意大利曾受法查理八世的欺凌，路易十二的劫掠，以及西班牙王斐迪南强暴，还有瑞士人的侮辱。

以下就是他们惯用的措施：开始的时候，他们通过贬低步兵来抬高自己声势。之所以这样是由于他们依靠受雇佣的收入维持生计，没有自己的地盘；步兵人数若太少，则无助于让他们赢得声誉，而步兵人数太多了又

↓《圣母子》。曾藏于梅迪奇家族。

没能力供养。所以他们采用骑兵，而且保持一个合适的规模，这样既能让他们获得收益，又能给他们带来荣誉。于是后来出现了这样的情形：一支两万人的队伍，步兵占不到两千。

此外，他们还千方百计采取措施使自己和士兵们减少危险，摆脱困苦，他们战斗中并不互相残杀，而是致力于捕捉俘虏，然后不要赎金就将之释放。他们向来不夜袭城邦，而城中的守军也不夜袭营地。他们在军营四周不掘壕沟，不立栅栏，冬季到了就不出征。这些几乎成了他们公认的军事惯例，目的则是为了避免疲劳和危险，而这样的结果最终导致了意大利遭受奴役和欺凌。

↑路易十一像。

## 第十三章　援军、混合型军和本国的军队

还有一种没有好处的军队就是外国援军，这是召唤一个强大的人来援助和保护你时统帅的军队。教皇朱利叶三世近些年来就经常这样做。基

于在征讨费拉拉时他的雇佣军的低劣表现，于是他转而开始求助外国援兵，他同西班牙的君王斐迪南达成协议，约定由斐迪南用他自己的部队向他提供军事援助。这支军队本身或许是能征善战的，可是相对于邀请他们的人而言，却是十分有危害的，因为要是他们失败了，你依然是孤立无援；要是他们胜利了，你将会向囚徒一样困于其权力之中。

↑ 亨利二世和恺撒琳·德·梅迪奇在祈祷。

类似这样的例子，古代历史比比皆是，能征引出许多来，但我还是更愿意引用教皇朱利叶二世这个比较近的例子，他的事情，或许许多人都记忆犹新，他的某些所作所为，实在是愚不可及。为了把费拉拉夺取到手，他居然将自己的命运交

↓《罗兰之歌》。藏于卢浮宫。作品描绘了战争厮杀后英雄末路的情景。

[↑]《弗朗切斯科·马里亚·德拉罗韦雷私人画像》，拉斐尔。

于一个外国人的手中，不过还算他幸运，由于一件意外事件的发生，才使他得以免去更大的不幸,那件意外事件是这样:他的外国援军在杜文纳被法军大败，这时瑞士人突然在战场出现,将那些胜利者全赶走了。

这样的结果出乎所有人的意料。一方面他的敌人已经溃逃，他没有成为敌人的俘虏。同时教皇由于帮助他获胜的是其他的军队而不是援军，也使他避免成为外国援军的俘虏。佛罗伦萨人自己没有丝毫的武装，却召来了上万名的法国士兵去进攻比萨，这种做法比起他们过去遇上的任何一个危难时期都要危险。君士坦丁堡的帝王把一万名军队开进希腊来对付他的邻邦，然而战争结束之后，他们却不愿离去，这使得希腊开始遭受异教徒的奴役。

因此，如果你不想取得胜利，那就请利用外国援军吧！他们的危险要比雇佣军大得多，因为外国援军引入导致了毁灭的因素，所有的人团结一致，而且完全服从一个外国人的统治。这就和雇佣军不同，如果雇佣军获得胜利而打算加害你，他们需要长时间的准备和找到一个良机。因为雇佣军仅仅是被你请来而且由你来发军饷的，他们并非一个整体，而且他们的首领通常是由你委派的第三者来出任，这个首领是不可能很快能拥有足够的权威对你构成威胁的。所以，对于雇佣军而言，其大患只在于懒散怯懦；而对外国援军而言，其英勇强悍反而是最危险的。

因此，明智的君王总是拒绝使用外国军队而尽量动用自己的军队。哪 怕是使用自己的军队打了败仗，也强于用别人的军队去打胜仗，这是因为只靠外国援军是不可能取得真正的胜利的。

这里我将毫不迟疑地再度引用切萨雷·博尔贾的事迹为例。这位公爵凭着外国援军攻入了罗马尼阿，他当时统率的全是法国的军队，而且还进一步攻占了伊莫拉和富利。可是后来，他转而使用雇佣军。他感到外国援军不可靠，认为雇佣军的危险性要小一些，于是他雇佣了奥尔西尼和维泰利的军队，可是，在雇佣的过程

↓《手提歌利亚头的大卫》。因为此画属于大收藏家和卡拉瓦乔的仰慕者红衣主教西皮奥内·博尔盖塞的遗产，人们不知道大师作此画的确切时间。一些学者推测大师是在1606年应红衣主教之约为其罗马居所而画的。

↑庇护四世（1559-1565）。

中他发现，这种军队也很是可疑，且心怀鬼胎、胡作非为，而且也很危险，于是消灭了他们，转而依靠他自己的队伍。在这里我们应当注意：当公爵依靠法国援军，和依靠奥尔西尼和维泰利的雇佣军，还有后来他依靠自己的军队的时候，他的名誉截然不同。我们从中很容易看出这些军队是多么大相径庭。我们发现，当后来众人都知道他是自己军队的惟一主人时，他的名声便与日俱增，他受到人们极高的尊重，是过去任何时候都不曾有的。

我不想撇下意大利的情况去空发议论，但也不想忽略前文提到的诸人之一——叙拉古的锡耶罗。前文已述，当叙拉古人将他推举为军队的统帅后，他很快就发现像今天意大利人那样四处请人拼凑成的雇佣军是没有什么好处的，这些人既不好管束又无法解雇，于是他断然行动，将他们都彻底的消灭了，此后，在他统帅下作战的就是自己的军队而不是外国援军了。

↑ 波斯国王居鲁士宫殿遗址。

现在我还想回顾一下《旧约》里涉及这个问题的一个譬喻。大卫自告奋勇请求扫罗王同意自己同非利士人的挑战者歌利亚决一高下。于是扫罗给他佩戴上自己的铠甲只为着给他壮胆，但是大卫试了一下马上就谢绝了。他说，穿戴上你的盔甲无法更好地发挥自己的力量，他宁愿用自己的投石器和刀子去同敌人作战。总而言之，别人的铠甲若不是不合你身，就是压得你不堪重负，或者束手束脚让你不能发挥自己的力量。

法国国王路易十一的父亲查理七世依靠自己的幸运和才能，把法国从英格兰的统治之下解放出来。他认识到用自己的军队来武装的重要性，于是在他的国家颁布了有关骑兵和步兵的法令。

可是后来他的儿子路易国王，废除了自己国家的步兵，开始招募瑞士军队。今天的实践经验证明，这一错误还有随之而来的种种错误，导致了这个王国最终的祸根：路易让瑞士军队大长威风，而自己的士兵则垂头丧气，因为他完全废除

[↑] 查理七世。

了自己的步兵，并且让自己的骑兵依赖于外国援军，因为法国骑兵和瑞士兵协同作战久了则形成了这样的习惯。他们认为，若是离开瑞士兵就无法取胜。结果是法国失去了和瑞士作对的能力，而没有瑞士军队，他们也没有能力与别的国家作对。这样，法国的军队就成为一支混合型军队，其中有雇佣军，还有他自己的军队。这种军队从总体上来说要大大优于单纯的外国援军或单纯的雇佣军，但比全部是本国的军队毕竟差得远了。上述情况证实了这一点，如果当初继续发展和坚持查理的措施，那么法兰西王国将会所向披靡，战无不胜。

人们常常会采取一些草率的措施而不全面的考虑其中的隐患，就像我们先前提起的消耗热病是一样的。所以，一个不能在祸患初生之时便立即认识到它的君王，不能算是明智，具有这种天赋的君王却是凤毛麟角。分析一下罗马帝国覆灭的原因你将发现，其主要就在于招募哥特雇佣兵，

此后，帝国的力量就日渐衰落，而作为罗马帝国的尚武气概及力量源泉全都转移到哥特人那里去了。

所以我认为任何君主国若没有自己的军队，就毫无安全可言，也就是说，若是他没有一支能在生死存亡之际势死尽忠于他的军队，那他将完全为命运所摆布了。明智之士应当永远相信下面这句古话：“没有建立在自己的力量上的权力，不管其具有多么强大的威望，也终将是脆弱而不可靠的。”这里所谓的自己的军队，是指由你的国家或臣服于你的国家的臣民所建立的军队，在

↑《荷拉斯兄弟之誓》。雅克·路易·达维德(法国)创作。荷拉斯是古罗马时代的一个家族。古罗马共和制时期，罗马人与比邻的古利茨亚人发生了战争，但双方的人民却有着通婚关系。在这场战争中，荷拉斯兄弟被选出来与敌人进行格斗。

这之外所有军队要么是雇佣军，要么是外援军。所以你若能对上述四人的谋略了如指掌，或者你若是留神看看亚历山大大帝之父菲利浦还有别的一些君王和共和国是怎样来建立自己的军队的，我确信，从中你很快就会悟出自己的治理军队的方法。

# 第十四章　君王对于军民的责任

一个明智的君王，除了为有关战争及其军队的组织与纪律而操心，而不应该有其它的目的和志趣，也不应对其它进行钻研，因为战争艺术是想要君临天下的人必须掌握的惟一的艺术，其实用性不但能让那些天生为君的人维持统治，而且还能使那些生而为庶民的人跃居王位。反过来那些距丧权之日不远的君王，多半是贪图享乐、疏于国事。亡国的第一个原因就是忽视这一职业，而获取一个国家的重要原因则是精于此道。弗朗西斯科·斯福查能从平民跃至米兰公爵，就是由

于专心致志地研究军事之道，而他的子嗣由公爵沦为了平民，却是由于疏于军务。

因为不整军经武首先带来麻烦，就是让人们开始对你蔑视，这是一个明智的君王应当警惕的耻辱。这一点后面再说，因为一个全副武装的人和不曾武装的人是无法相提并论的。指望武装起来的人心甘情愿地去服从尚未武装起来的人，或者不曾武装的君王安然无恙地置身在武装过的臣仆中间，这是不太可能的。因为臣仆们将会对他充满了轻视，而君王则满腹疑虑，君臣之间很难

↑《十字军占领君士坦丁堡》。任何时候，战争都是残忍的。该作品中描绘的是1204年4月12日西方征服者十字军的残暴行为。

[↑] 猎狮。这是一幅表现阿拉伯人围猎场面的绘画。在古代，狩猎通常是帝王们爱好的活动。

做到同心戮力。所以，那些不谙军务的君王除了会给自己带来上述的种种恶果外，他还得不到军队的尊敬，也无法去信赖军队。

因此，明君对军事方面的问题永远不可掉以轻心，而且平时应该比战时更加注意自律，他可以从行动以及思考这两个方面去努力。在行动方面，首先要让他的士兵们勤于操练，军纪严明，此外他还应当经常野外行猎，以便让身体更好地适应任何的艰难困苦，而行猎更深层的意义在于能够知道各种战场的地形地貌，了解山峰谷地的起伏，平原的开阔，以及河流沼泽的特性。对于所有这一切，他都应当了如指掌，这可以给他带来两种好处，首先是可以让一个君王充分地熟悉自己的领土，并且能有更好的办法来保卫它。

其次，依据对各种战场所获得的知识与经验，日后能够对其他任何战场的特性更好地把握。例如，托斯卡纳的丘陵、山谷、平原、沼泽以及河流，与其他地区的地形就有着一定的相似处。因此，通过对一个地区地理特征的把握，就可以轻易地推知另一地区。一个缺乏这种地理认知的君王，也就缺乏了一个统帅首先所应有的重要因素，因为这些知识可以教他怎样可以发现敌军，怎样去选择最好的安营扎寨之处，怎样统领自己的军队，怎样进行战略规划，以及怎样更好地围攻一座城市。

历史学家一向对亚该亚人的君王菲洛波曼的一个主要事绩称颂不已。那就是当他在和平时期也是念念不忘作战之法而不为其他的事分心。每当和朋友们在野外的时候，他们常常行而论道：“如果敌人占据了那座山包，而我们的军队正好处在这里，那么是哪一方占有地利？如何才能保持整齐的阵形，向敌军推进？我们应当采取什么样的

↓《垂死的高卢人》。这是献祭雕像，原作为铜像，此为大理石的复制品。作品中，一个身负重伤、右肋下正流着血的高卢人首领，面对战争带来的死亡，不甘心倒下。

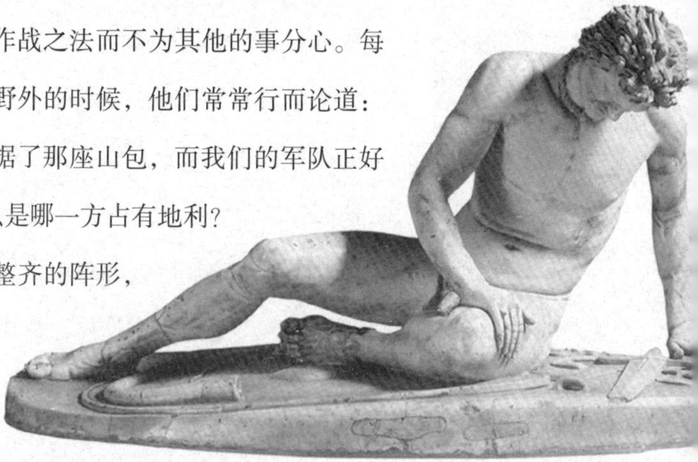

⬆《三勇士》。战争催生了许多英雄，不分国界，不分疆域。三勇士就是俄罗斯民族传说中的英雄，他们不惜一切保卫民族的精神被世代传颂。

⬆色诺芬（约公元前430-公元前354），古希腊著名的史学家、思想家。生于雅典的一个豪富之家，是哲学家苏格拉底的学生，曾作为将领率希腊雇佣军远征中亚。

行动来撤退？若是敌人退却时我们应当怎样去追击？”他和朋友们一起散步，一边谈论着一支军队有可能遇上的各种问题，倾听他们的看法，同时也说出自己的见解，并且还加以论证，基于这种不断的讨论，当他统帅军队时就不会发生那种使他无法应付的意外情形。

此外一个明君还应当研读历史来训练自己的头脑，了解那些历史上伟大人物的生平业绩，分析他们在战争中采用了什么措施。为避免步其后尘，应当研究他们胜败的理由。他应当以某个受到赞美和尊崇的前人为榜样，常常揣摩其举动和英勇业绩，应当效法过去的那些杰出人物一样处理事情，就如同亚历山大大帝效法阿基里斯，恺撒效法亚历山大，西比奥效法居鲁士。读一读色诺芬所描述的居鲁士传记你就会明白，西比奥效法居鲁士，给自己的一生增添了多大的荣耀，而且，西比奥在洁身自好、与人为善、宽宏大量方面，同色诺芬所描述的居鲁士的特性几乎是一模一样。

贤明的君王应当不懈地去实践这些方法，和平时期也应尽力利用这些时间，而不要无所事事。若能这样，遇上危难他就能争取主动，一旦事情有变，他就可以自如地应付。

# 第十五章　人们，尤其是君王受人褒贬的原因

现在需要考察一下，君王究竟应当采取怎样的方法和行动来对待臣下和朋友。关于这一点，已有许多人著书立说，如今我又来舞文弄墨，并且我讨论这些问题所持的观点与众不同，所以很容易被人视为狂妄自大。

可是，我的本意写点有用的东西，给那些真

↑《沙达纳帕路斯之死》。作品表现的是亚述第一王朝的最后一位暴君，在皇宫陷落之际，将自己和所有的后妃、宫女一起焚死的怵目惊心的故事。

正能够通晓它的人。所以我必须专注于事物在实际上的真实本相，而不是去讨论想像中的事物。许多人都迷恋于那些不曾见过、也不知道是否真实存在过的共和国或君主国，但是人们应当怎样生活，同在实际上怎样生活，有如天壤之别。所以要是一个人只存在于假设而将现实世界置于脑后，那么他不但无法自存，反而会招致自我毁灭。

因为，那些固执地在任何情况下都行善的人，置身于众多不善之人当中将会一败涂地。所以，要想更好地保住自己的权位，君王应当知道用权，不过一定要把握“仁”与“不仁”的分寸。

↑曾主持过卡拉扬的葬礼的萨尔茨堡大教堂。在古代西方，教堂是君主们推崇的地方，甚至在某些国家是君权的象征。

所以，应当将那些想像中的“为君之道”撇在一边，而注重真实的情况。我认为，那些被人评论不休的人——尤其是高高在上的君王——之所以被载毁载誉是因为他们如下的品质而言：有的被誉为慷慨，有的则被贬为吝啬（这里我用的是托斯卡纳的方言，因为“贪婪”一词在我们的方言中，还意味着企图强行掠夺财物，而“吝啬”则是指尽力隐瞒自己的财物而不用）；有的被看做乐善好施，有的被看做贪得无厌；有的冷酷无情，有的慈悲心肠；有的言而无信，有的一言九鼎；有的生性怯懦，有的勇敢强悍；有的平和易处，

↑《希奥岛的屠杀》。德拉克罗瓦作。作品描绘了1822年土耳其侵略军在希奥岛大肆屠杀手无寸铁的希腊平民的情景。

有的居傲不逊；有的坐怀不乱，有的荒淫好色；有的诚信可靠，有的奸诈多端；有的顽固，有的宽宏；有的轻率，有的稳重，如此等等不一而足。

一个君王若是能表现出上述各项中优秀的一面，我想人人都会称颂，当然就最好不过了。但是，一个统治者不可能将这些好一面全部具有，或者能够完全做到这些，因为人不可能做到尽善尽美，所以他最需要加以小心的是避免那些能导致他丧失权位的行迹，而且要有可能，应当利用那些不会招致丧失权位的恶行，如果不能，就将之忽略不计。君王没必要因为有些会招人非议的恶行而忐忑不安，不这样，他就很难保住自己权位。如果能全面分析一下问题，你就能发现，如果君王对一些看上去很有德行的品质，身体力行，反而会自取灭亡。而一些看上去邪恶的品质，君王若是能够亲自去做，却能带给他安宁与福祉。

亚历山大三世桥。

# 君王的形象与施政

人们都认为，值得赞美的君王应当言出必行、开诚布公，不用诡计，可是这个时代的经验告诉我们：那些创下丰功伟绩的君王一般都不重视守信，而是很善于运用诡计，将人们搞得晕头转向，并且最终征服那些讲求信义的人们。因此，你必须知道世上历来就有两种斗争方法：其一是运用法律，而另一种则是运用武力。前一种方法为人类所特有，而后一种则是属于野兽。但是，前者常常不足其用，所以常常要诉之于后者。所以，君王应当熟知兽性和人性的应用之道。

↑ 蒙塔纳的杰作——加泰罗尼亚音乐厅。

# 第十六章　慷慨与吝啬

我们将从上述的第一种品质开始分析。被人们称为慷慨或许是件好事。可我认为，一旦当你因为慷慨而出了名，你就会身受其害；即使你明智而恰当地运用这种品质慷慨行事而不为人所知，你也无法赢得人们的认可，甚至会获得适得其反的骂名。所以，一个人为了希望在人们面前享有慷慨之名，就不得不大肆挥霍，以至于常常会将自己的财产耗尽。

到最后，为了继续想保持住慷慨之名，他就必然会额外地加重人民的负担开始横征暴敛，不择手段地攫取钱财。这会促使

↓玛丽·莱辛卡皇后。玛丽·莱辛卡皇后为路易十五时期的法国皇后。

他受到臣民的仇恨，而且在他拮据的时候，没有人会尊重他。这种慷慨的结果是受害者众而得益者寡，因此一旦有灾祸降临，他就可能首当其冲先受到危害。而当他认识到这些打算改弦易辙时，他立即就会获得吝啬的骂名。

一个君王如果利用慷慨来沽名钓誉，就一定会危害到自己，所以，一个明智的君王应当对此慎思，不必介意吝啬的名声。如果通过开源节流能够使国库丰盈，能够有力量防御任何敌人发动的攻击，能建功立业却一点也不加重人民的负担，那么人们会随着时间的推移，渐渐认识到他的慷慨，最后，他能使大多数人领受慷慨的好处而又无所失，只对很少的人表现出吝啬。在我们的时代，

↓《所罗门前的萨巴女王》。作品中的萨巴女王身着盛装，华丽优雅，所罗门王则威武尊贵，二者构成了一丝微妙的关系。

常常有人被加以吝啬之名，可他却创下了不朽的伟业，而没有背骂名的人却全都销声匿迹。教皇朱利叶虽曾借助慷慨的名声登上教皇之位，可是后来为了进行战争，他就不再考虑慷慨的名声了。法国国王虽然进行了许多征战，却并不曾向他的人民多征苛捐杂税，这完全依靠他长时期的吝啬节约使他有能力负担庞大的财务支出。今天的西班牙国王若是以慷慨而闻名，就不可能取得这样硕果累累伟业。

所以，为了能够自保，为了不对老百姓进行掠夺，为了不陷入困境被人们轻蔑，为了不至于被迫对臣民横征暴敛。君王应当不在乎吝啬之名，这是使他统治天下长治久安的一种恶名。有人说："恺撒因为慷慨而得到了最高统治权，而且还有许多人也因为慷慨而得到了至高无上的地位的。"可是我认为：如果现在你已成为一位君王，那么你的这种慷慨这时就会有害于你的；如果你现正正在走向君位的途中，那么在这样的情况下被誉为慷慨却是非常有必要

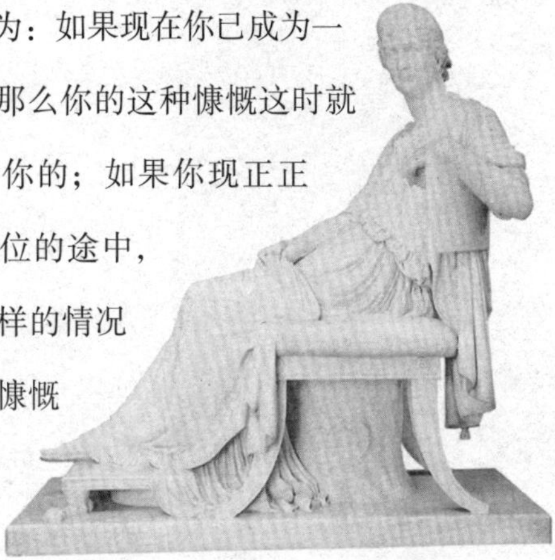

《拿破仑之母》。这座雕像自从公元1804年在拿破仑母亲的罗马寓所拟定初稿后，作者卡诺瓦就辛劳地用了几年的时间来完成大理石作品。拿破仑的母亲把它作为礼物送给了儿子。从这幅作品可以看出皇族的尊贵和威严。

的。恺撒是那些力求获取罗马君权的人物中的一个，可是，当他在获取了罗马统治权后，而又不去节制浪费，那他就会导致帝国毁灭。假如有人反诘：世界上曾有很多这样的君王，他们四处征战建立了伟大的事业，同时还享有极高的慷慨之名。对此我的回答是：君王创业所费的财物，有的是自己的，有的是老百姓的，还有就是别人的。若是第一种情形，他必须精打细算；若是第二种情形，他还会对表示慷慨的任何机会有意忽略。

一位君王率军出国征战，如果是通过掳掠、缴获与勒索别人的财物来维持军资，那么他就只能靠染指别人的财产来彰显慷慨，这种情况下他必须慷慨大方，不然将没有士兵会追随他。对于那些不是你的、也不是你的人民的财富，你尽可以像居鲁士、恺撒和亚历山大那样，充当一位慷慨的君王，因为你慷他人之慨不仅不会有损于你的名声，反而会为你增添名声。只有当

↓《大使们》。该作品主要表现了贵族的性格特征。

你把自己的财产挥霍了，你才会受到损害。

我想在这个世界上没有什么东西会比慷慨消耗得更厉害的了。因为当你慷慨你自己的时候，你很快将会失去了这种慷慨的能力，你很可能会陷入穷困而受人轻视，或者又因为想要避免陷于贫穷而贪得无厌惹人憎恨，而不慷慨大方招人非议但却不招人憎恨；如果宁要挥金如土追求慷慨之誉，则必然会招致对人民的掠夺，这样一来你不但受到人们的指责，同时又招到他人的憎恨。

# 第十七章　残酷与仁慈，被人爱戴是否比被人畏惧要好

这里我们要谈谈先前所说的另一种品质。我觉得任何一位君王都想要被人认为仁慈而不会是残酷。可是应当注意的是他一定不能滥用仁慈。切萨雷·博尔贾被公认为是残酷的，可是他的残酷却拯救了罗马尼阿，将它统一了起来、并将和

平与安宁带给了罗马尼阿。如果我们进行细细的分析。就会发现博尔贾比佛罗伦萨的人们更要仁慈，后者为了不担残酷之名而看着皮斯托亚毁于一旦。所以君王对于残酷这个恶名就不应当太介意，只要能使自己的臣民团结一致和同心同德，他的一丁点残酷行为，比起过分的仁慈导致邪气纵横、杀人越货层出不穷而言，算是仁慈多了，因为后者是使整个社会受到损害。君王执行刑罚只是针对个别人而已。

↑ 维吉尔像。

新生的君王与别的君王又有所不同，因为新的统治常常遇上危险，所以他很难不担上残酷之名。正如大诗人维吉尔通过狄多之口所说：“惟艰惟险，王权甫之，勉力而为，保卫疆土。”

但是，君王应当慎重地甄别人心而后再采取

↓《近卫军临刑的早晨》。这幅画描绘了君王镇压叛逆的情景。1698 年，彼得大帝秘密出国访问，国内近卫军趁机谋叛，彼得大帝返国后，立即对近卫军进行残酷镇压。这幅画展现的就是皇宫广场上处死谋叛近卫军的景象。

行动；不过，也没必要妄自惊讶，杯弓蛇影。他应当慎思明辨，以人道为怀，仁慈而有节制，不至于过分自信让自己流于轻率，也不至于太多的猜疑让自己不能容人。

关于这一点，就存在这样一个争论：是被人们爱戴比被人们畏惧好呢？还是被人们畏惧比被人们爱戴好呢？我认为，最好是两者兼有；但是，要同时做到两者是难乎其难的。如果君王对此两者必须进行取舍，那么，被人们畏惧要比被人们爱戴会更安全。因为一般来说人们总是这样的：他们反复无常，见利忘义、他们装模作样，遇上利益时都不甘落后，遇险时则惟恐避之不及。

要是你对他们有好处的时候，他们是整个儿属于你的。那是在你需要他们还很遥远的时候，可是到了这种需要即将来临的时候，他们就会背

←《罗马古迹》。这是一幅描绘罗马古迹的风景画，存留着受细密画风影响的痕迹。

弃你而去。因此，君王如果完全信赖人们所说的话，他就要灭亡。因为用金钱而不是依靠伟大的精神取得的友情，是买来的，根本就不牢靠。在需要的时刻，而且与自己畏惧的相比之下，人们冒犯一个他们爱戴的人更少一些顾忌，因为爱戴是靠恩义这条纽带维系的；然而由于人性是恶劣的，在任何时候，只要对自己有利，人们便把这条纽带一刀两断了。可是畏惧，则由于害怕受到严厉的惩罚而不得不保持着。

当你对他们恩惠有加时，他们对你也似乎是一心一意，在你远不需要他们时他们情愿为你流血，奉献自己的财产、性命乃至子女。可是当你有所需时，他们就会弃你而去，你要是缺乏其他准备而完全相信他们的表白，则必将自取灭亡，这是因为不是靠伟大的崇高的精神而只是靠金钱而所得到的友谊，尽管付出了代价，但是很难保持，而且在关键的时刻是不能够倚

↓《考文垂伯爵夫人像》。从这幅作品中，不难看出旧时欧洲贵族妇女的生活风尚。

靠的。另外人们冒犯所爱戴的人的顾虑要比冒犯自己所畏惧的人少得多，因为爱戴乃是靠恩义来维系的，由于人性的恶劣，人们常常会为了一己之利而忘恩负义。可是畏惧之心，则因为担心受到惩罚而会长久地存留着。

明君应当这样来使人畏惧：要是无法赢得爱戴，那么也要尽力避免被人憎恨，因为，既使人畏惧又不被憎恨是能够同时做到的，这并不艰难，只要不打臣民们的财产及其妻女的主意就可以了。如果需要制裁任何人的时候，应当有真正合理的理由以及明确的证据。最重要的是，千万别妄动他人的财产，因为，人们忘记失去父亲的遗产要比忘记失去父亲会更为艰难。此外，夺取他人财产从来就不愁找不到理由，以掠夺为生的人经常可以找出霸占他人财产的良机；可与此不同的是，夺人性命的理由却不容易找出，并且随时都会消失。

君王要是置身于军中而且统帅着一支大军，那就根本没必要顾虑残酷之名，因为不这样，就不能让军队团结一致，并胜任战事，汉尼拔那惊人的成功就可以说明这一点：他统帅一支由无数民族混合组成的大军，在外国土地上作战，不管是背运的时候还是走运的时候，在士兵之间或在官兵之间，居然从未有过内讧。这里并没有什么

↑ 汉尼拔半身像。

↑《绞刑架下的舞蹈》。尼德兰人民反对西班牙统治的斗争遭到血腥镇压，但他们并未放下武器，仍隐藏在森林里袭击敌人。该作品表达出一种反抗西班牙统治的乐观主义精神，也表达了对统治者残酷镇压的嘲讽。

别的原因，全归功于他那出名的残酷无情，以及其非凡的才能，这使他的士兵始终感到他既可敬又可畏。否则，仅仅依靠他的才能就很难产生如此的效果。然而，这就是那些对此事缺乏深思熟虑的史学家们，在称赞汉尼拔杰出成就的同时，却抨击他取得这种成就的缘故。

不过汉尼拔仅仅依靠其他能力很难成就大业，这可以从西比奥那里得到证明。西比奥不只在当时，即使在已知的全部历史中都算是一位罕见的人物。与他并不同心的军队在西班牙背叛了他，原因就是他太过于仁慈，他让他的士兵享有的自由远远超过了军纪的范围，为此，他在元老院受到法比尤斯·马克西姆的抨击，将他称为是罗马军队的败坏者。洛克伦斯居民曾受到西比奥的一名使节的摧残，可是西比奥却不曾为他们报仇雪恨，也不曾对那个傲慢妄为的使节进行惩罚。这完全是由于他的宽大仁慈导致的结果。

↑庇护六世（1717年12月27日－1799年8月29日）像。

在元老院有人为他辩护，说某些人懂得怎样不犯错误，胜过懂得怎样惩戒错误。西比奥是依赖声望和荣誉获取了最高统帅的地位，而他宽厚仁慈的性情迟早会有损于他的声望和荣誉。但后来他在元老院的监督之下，不仅将他这种有害的性情掩盖住了，同时还给他带来了荣誉。

在被人畏惧和爱戴的这个问题上，我觉得，人们的爱戴之情完全是出于他们自己的意志，而其畏惧之心产生则是来自于君王的意志，一位明智的君王应尽力求之于自身而不是求之于他人。如前所述，而他惟一应当尽力避免的则是受到憎恨。

# 第十八章　君王应怎样守信

人们都认为，值得赞美的君王应当言出必行、开诚布公，不用诡计，可是这个时代的经验告诉我们：那些创下丰功伟绩的君王一般都不重视守信，而是很善于运用诡计，将人们搞得晕头转向，并且最终征服那些讲求信义的人们。

↓ 庇护七世（1800-1823）。

因此，你必须知道世上历来就有两种斗争方法：其一是运用法律，而另一种则是运用武力。前一种方法为人类所特有，而后一种则是属于野兽。但是，前者常常不足其用，所以常常要诉之于后者。所以，君王应当熟知兽性和人性的应用之道。古代的作家们早已将这一点，隐秘地授给君王了。比如阿喀琉斯或是许多其他有名的君王，自幼由半人半马的怪物喀戎所抚养,在它的管教下成长。

这就是说,既然君王以半人半兽的怪物为师,那他就应当明白：如何运用人性和兽性，并且要明白：必须同时兼备人性和兽性，若是只有其一种而缺乏另一种性质，那就很难做到长治久安。

君王若是需要掌握和运用野兽的方法，那他就应当效法狐狸与狮子。狮子无法防止自己掉进陷阱，而狐狸则无法抵抗豺狼。所以君王首先应是一头狐狸能够认识陷阱,同时又须是一头狮子，能震慑豺狼。然而那些单纯主张扬狮威的人并不理解这一点。所以，当遵守信义对自己有害时，或者当初使自己做出诺言的状况现在不复存在，那么作为一位明君就绝不能够、也没有必要遵守信义。假如人皆善良，此箴言就不足为训。但是因为人性本恶，他们对你并不是守信不渝的，那么你也一样没必要对他们守信。一位明智的君王从来不愁找不到使他的背信弃义的正当理由。关于这，我能够举出无数近代的实例，它们说明：太多的和约以及诺言由于君王们不守信义而作废无效；而懂得如何做狐狸的人却总是能取得最大的成功。但是君王必须精通如何掩饰这种兽性，并应当努力做一个伟大的伪装者和假好人。人们是那样容易轻信，并且那样受制于当前的需要。

因此要进行欺骗的人总能够找到一些上当受骗者。

我想对近来发生的一件事发表看法：亚历山大六世除了欺骗外，从来不曾做过别的事情，从未打算过做其他的事情，可是他总能寻找到各种上当受骗的货色。因为在这个世上不曾有过一个人能像他那样令人难忘的发誓赌咒、信誓旦旦地肯定某一件事情，而且也没有任何一个人能比他更随意地食言。可是，他的骗术却总能够如愿以偿，因为他深深地认识到了人类的这一方面。

我想作为一个君王，没有必要具备以上列出的全部品质，可是却有必要让人看起来全部具备，

↓ 圣马可教堂的精致门头（威尼斯），这里陈列了不少十字军从君士坦丁堡带回的战利品。

我可以肯定地说：要是君王具备所有那些品质并对之身体力行，那一定没有好处；但如果只是看上去具备了它们，那就会很有益处。比如说，你可以显得笃守信义、为人慈悲、讲究仁义、清正廉洁、虔诚善良——并且还要照此去行动，不过你时时要有思想准备，当需要改弦易辙时，你随时能做到反其道而行之，你要明白：对于一位君王，尤其是那些新生的君王，不可能全部实践那些所谓好人应做的所有事，为了维持君权，常常会违背诚实、仁慈、人道，还有信仰等。因此，他一定要做好思想准备，随时顺应命运的风向和事物的变幻情况而随机应变。当然如前所述，他还是应当尽可能地恪守正道，可一旦必须如此，他也知道怎样去应对。

↓《格太梅拉达纪念像》。这尊雕像是多纳太罗表现古典理想主义最有力的代表作之一。格太梅拉达是作者同时代的意大利帕多瓦城佣兵队队长拉兹莫·纳尔尼的绰号。

因此明智的君王应当十分谨慎，一定不能让那些轻视以上各种美德的言语——片言只语也不行——脱口而出，要让人们在目睹其面、耳闻其言之时，显现出笃守信义、心地慈悲、讲究人道、尊敬神灵的优良品质。相对来说，君王更有必要显得具备最后这项品质，因为常人更多的只是通过眼睛而非用双手来进行判断，人人都能看见你，但只有很少的人能够将你摸透。而这些少数人的看法是无法与多数人的看法相对抗的，因为后者有国家最高权力在支持。

对于无法向法院提出控诉的人们的行为，特别是君王的行为，那就只能坐观其果。君王若是成功地征服并统治了那个国家，他所采有的手段就总被认为是光荣的，乃至于有好的口碑，因为大众常常被事情的表象或结局所惑，而这个世界恰为这样的群氓所充斥。当多数人联合一致的时候，少数人就会没有立足之处。当代有位君王——暂不提其名——除了喋喋不休地大谈和平与信义外从不言他，但其所作所为却尽是倒行逆施。然而，如果他对其中的每一个方面都尽力去做，那么他的名望或是权力很可能会不断地受到打击了。

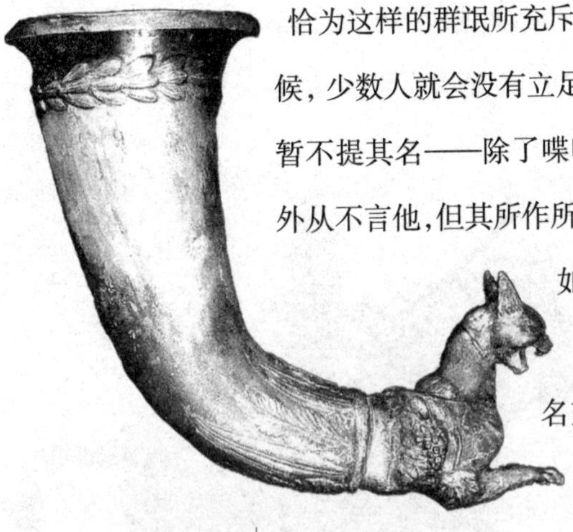

↓银制兽首角杯，萨珊王朝统治时期（224-647）。

# 第十九章　君王应力免受到蔑视与憎恨

上述的各种品质，我已论述其中最重要的一些方面，现在我想依据下面这一总纲，扼要地分析一下其他方面。上面我已在某种程度上阐述了这一总纲，那就是，君王必须考虑如何避免那些会让自己受到憎恨或者轻视的事情。一个君王，若能够做到这一点就算尽了自己的职责，就算还有别的丑闻，也不会招到什么危险。最招人憎恨君王的，我已说过莫过于贪婪以及霸占臣民的财产和妻女，君王一定要力戒此弊。因为对于绝大多数人，只要财产没受到损失，体面没受到凌辱，他们就会心满意足地过日子，

←国王查利五世制服愤怒。国王查利五世是一位对于政治设想十分敏感的统治者。

这样，君王就可以集中精力同极少数有野心的人进行斗争，很容易就能将其制服。

君王要是被人认为：变幻无常、轻率怯懦以及优柔寡断，那他一定会遭人轻蔑，对此，明君必须像提防暗礁一样提防这一切。他应当力求在行动中向人们展示其伟大、魄力、威严以及坚忍不拔。关系到臣民的私事问题，他做出的决断应当不再更改。他还应当努力留给人们这样一种印象：没有人能让他上当或者晕头转向。

君王倘若能让人们对自己形成这样的见解，一定能够深孚众望，而想要反对一个深受崇敬的人是极为艰难的。因为人民认为他卓越非凡应受到尊敬。所以一个君王可能会面对两个方面的忧虑：其一是来自内部，来自他的臣民方面；其二是来自外部，来自国外的势力。若是第二种情况，只要拥有坚甲利兵和亲密的盟友，完全可以防备不测，而只要拥有了坚甲利兵，就不会找不到这样的同盟。除非已受到阴谋颠覆，否则外部安然无事，那么国内也可以长保太平的。即

↓ 拉斐尔。拉斐尔同米开朗基罗等艺术家都曾为梅迪奇家族创作过经典作品。

使有外患发生，只要君王不自暴自弃，能按我所说的去立身行事，那么他就能像斯巴达的纳比德那样防御一切进攻。

↑埃尔科莱·德斯特一世，费拉拉公爵，埃斯特家族成员。埃尔科莱出生于费拉拉，其父是费拉拉侯爵尼科洛·德斯特三世，其外祖父是萨卢佐伯爵托马斯三世。

君王在发生外患之时，他必须慎防臣民的秘密阴谋，不受到民众所憎恨，乃是对付阴谋的最强有力的手段，将君王置于死地后就可以取悦于民，这是阴谋家一向的观点。可是要是他意识到这样一来反而会将人民激怒，那么他将不敢轻举妄动，以免会有大难降临。经验表明，历史上的阴谋政变虽多，但最终成事者却了了，因为阴谋家无法单独行动，他们一定要寻找和他一样心怀不满的同伙。那么你只要将你的意向透露给其中一个满腔怨愤的人，那么你就能给他一个获得满足的良机，因为他显然就有可能获得其所欲的一切。如果他明知抓住这个良机就能稳得利益，反之将毫无把握而全是风险，却依然能够为之保密，那么你的确是一个非常难得的良友，也可能是君王不共戴天的仇敌。总而言之，阴谋者这一边除了能使他们心存恐惧，顾虑重重，以及焦躁不安之外，别无他物，而君王则拥有国家和法律的威严，又受到朋友的保护，在此之外，若还能拥有人民的忠心的支持，那么没有人敢贸然谋反。一般来讲，阴谋分子在犯罪时全都提心吊胆，而犯罪之后与全民为敌更加是惶惶不可终日，因此也将无法容身于天地间的。

这样的事例不胜枚举，我认为仅一例就足以将问题说明了，这是一件留在我们父辈们脑海中的事情。波洛尼亚君王麦瑟·安尼巴莱·本蒂沃里，也就是当今的麦瑟·安尼巴莱的祖父，他被人谋反之后，人民马上起来将坎内斯基家族赶尽杀绝了，这是由于本蒂沃里家族极大地享有人民的拥戴，他们的支持是如此有力，在安尼巴莱死后，波洛尼亚的家族存活的人中没有一个能够担负统治的重任。可是波洛尼亚人听说本蒂沃里的一个血亲在佛罗伦萨，先前被认作是铁匠之子，竟然从佛罗伦萨将他找来，让他来统治整个城邦，一直到麦瑟·乔万尼成人后能够亲政为止。由此可见，君王只要为人民所爱戴，没必要担心阴谋；可是当人民对他充满了敌意和憎恨，则所遇一切都会使他胆战心惊。

↑ 米开朗基罗像。

对一个有序的国家和明智的君王，以下两点

是至关重要的：不将有钱的人逼得无路可走，同时又保证人民的满意。在我们的这个时代，法兰西是组织得最完善，统治得合理的国家之一。在这个国家里，我们看到无数优越的制度使国王的自由与安全赖以维持。“议会”及其权力是其中主要的一个项。由于组建王国的人十分了解权力者的野心及其傲慢，认为有必要给他们的嘴巴套上嚼子以便约束他们。

↑圣母大教堂内景。

另一方面，因为君王知道人民对于贵族既害怕又仇恨，便尽力使他们有安全感，但是，他又不想把这种事情作为国王的专职，于是，国王就设立了裁判机关，该机关作为第三者，既可避免君王由于袒护人民而受到贵族非难，又可避免由于袒护贵族而受到人民的指责，通过裁判机关来弹劾贵族，维护平民的利益而不再要国王亲自负责。对于君王与国家来说，没有比这个制度更健全、更审慎、更安全的了。由此，我们又可以得到另一个重要的结论：明君应当将可能别人招致怨恨的事情委托给别人去做。而将施恩的事情自己料理。这里还有一个结论：君王一定要看重贵族，但是又要努力做到不使人民产生怨恨。

通过罗马皇帝们的生死，人们通常会这样以为，这与我的观点是完全相反的事例，因为尽管有的皇帝一生都显示出某种伟大的精神品质，卓然不群，可最终不是丢了王位就是被谋反的臣民所杀。这里我打算分析一下一些皇帝的品质来昭示他们灭亡的原因，作为这类异议的答案。而这些原因和我先前所提的原因大致相同；我还将说说了解那个时代需要注意的事项。我想，将从哲学家马可到马克西米诺斯时期依次在位的皇帝列举出来就可以了，其中包括马可，其子科莫多，佩尔蒂纳科斯，

→ 骑士团公爵卡西莫·德·梅迪奇纪念像，乔万尼·达·博隆纳作品。

朱里安，塞韦罗和儿子安东尼诺·卡拉卡拉，马科里诺斯，赫里奥加洛，亚历山大以及马斯米诺斯。

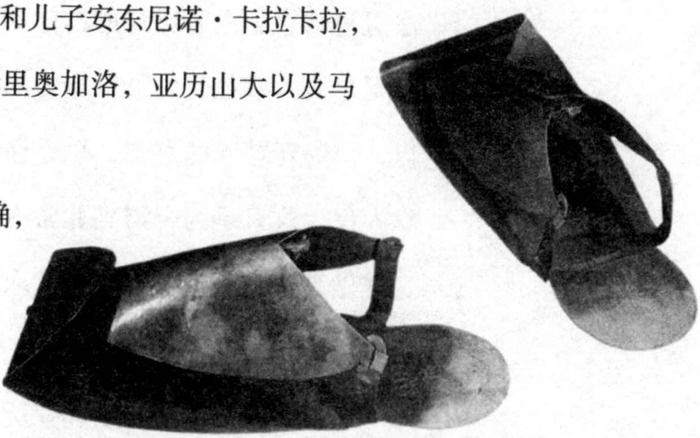

首先要明确，罗马皇帝除了和其他君主国的统治者要提防有钱人的野心和人民的傲慢之外，他们还有第三个麻烦，这个问题导致了诸多皇帝的灭亡：那就是，要对付士兵们的残忍与贪婪。这是个致命的难题，因为君王很难让军队和人民同时满足。因为人民酷爱和平，因而总是喜爱温和谦逊的君王；而军队却喜欢尚武纵横、残暴贪婪的君王。军队希望君王将这些品质应用于民，这样他们的贪欲就有了发泄渠道，而且可以得到加倍的酬饷。这样一来，罗马的那些皇帝有的由于未能继承上代伟大的声誉，有的由于自己不能赢得伟大的声誉所以无法同时驾御军队与人民，故他们总被灭亡。

⇧黄金拖鞋。二十一王朝是古埃及的“后期王朝时期”，这一时期黄金工艺品如手镯、胸饰、拖鞋等都是王公贵族们的宠爱之物，它们充满了享乐主义色彩和宫廷艺术的气息。

他们中的多数人，尤其是新登基的君王，面对这种对立的情形，总是力求讨好军方，而对于损害人民则不大在乎。这样做也是迫不得已，因为君王不可能不受到某些人仇恨，但他首先应设法避免结怨于人多势众的群体，若不能够，则应当竭尽全力避免受到最有势力的群体的憎恨。所以，作为新登基的皇帝，总是迎合军队而不是依靠人民，这只是为了得到非常有力的支持。当然这样做是否有利于君王，那就取决于他能否在军队中保持较高的声望了。

马可、佩尔蒂纳科斯和亚历山大全都是坚持正义，谦和可亲，反对残暴，善良仁慈，可是出于上述原因，除了马可，他们全都没有善终。马可是惟一一个生前死后都享有殊荣的人，这是因为他上任靠的是世袭权利，没必要去讨好向军队或是人民，加上后来，他的许多美德赢得了世人的敬重，所以他能够始终让这两个对立的阶层各自相安，从来不曾受他们的憎恨或轻蔑。但是，佩尔蒂纳克斯在违背军队意愿下登基为皇帝，军队习惯了在科莫多统治时期那种肆行无忌的日子，而佩尔蒂纳克斯打算让他们规规矩矩，改邪归正，他们就无法忍受，因此而

→ 骑在马背上的马可·奥勒留。

产生怨恨。憎恨再加上轻蔑，这一切促使佩尔蒂纳科斯垂老之年，刚夺取权位就遭到了覆灭。

从这里可以看出，善行同恶行全都可以招致憎恨。所以一个君王想要保住自己的地位，常常被迫不去行善，这是因为，那些能够给你支持的群体，不管是大众、军队或是贵族，在他们腐败堕落的时候，你就只能顺从他们的欲望以讨其欢心，不然面对这样的情况，你的善行反而会招致厄运。

看看一下亚历山大的情形吧，他的仁慈和善良，在位十四年间，竟然没有一个人不经审判就被处死的。这让他获得了极高的赞誉，然而，他被民众认为听任母亲的支使而自身软弱无力从而遭到人们的轻蔑，最终，由于军队的谋反而亡。

现在我们再讲另一种品质，科莫多、塞韦罗、安东尼诺·卡拉卡拉和马科西米诺斯，他们全都以贪婪成性、残忍无道出名。为满足军队而随意去残害人民，除了塞韦罗外，他们的下场都很悲惨。塞韦罗非凡的才能使军队始终对他忠心不渝，虽然他也压迫人民，但他还是能够成功地维持其统治。他那么多优秀的才能无论是在军队还是在人民心中，都可算是非凡卓著。所以人民始终对他望而生畏，而军队则对他十分的满意，表现得

↑ 卡拉卡拉大帝肖像。

必恭必敬。

对于一个新君王来说，他的行为可算是很杰出了，这里我简要说说他是怎样得心应手地扮演狐狸和狮子这两种角色的，如前所述，这是两种君王必须把握的角色。赛韦罗清楚地意识到，朱里安皇帝已经昏庸无用，于是他就设法说服自己所率的驻在斯洛文尼亚的军队，让他们相信去罗马为佩尔蒂纳科斯报仇是理所当然。佩尔蒂纳科斯这时已被禁卫军杀了。他率军向罗马进攻时就打着这个幌子，从不曾流露出有篡夺帝位的野心。当他已到了意大利，人们才得知他出发的消息，元老院看到塞韦罗进入罗马，就很害怕。于是就将他选为皇帝，并把朱里安杀了。

→《鹰头》。第六王朝是埃及的古王国时期，该作品可以说是古王国时期金属工艺作品中的优秀代表，它象征着尊贵与权力。

此后，他想要将整个帝国统治还存在两个障碍：其一是亚洲驻军统帅的佩森尼奥·尼格罗，他已在那里自行称帝；另一个是正在西方执政的阿尔比诺，他也在觊觎着帝国。塞韦罗很明白，同时公开与两者为敌是非常危险的，于是决定进攻尼格罗，于是他给阿尔比诺写信哄骗说，元老院已将他选为皇帝，自己愿意和阿尔比诺一同享有这一殊荣，元老院现已批准，将“恺撒”的称号授予阿尔比诺，并将之封为同袍。阿尔比诺对此信以为真。塞韦罗很快就消灭了尼格罗，平定了东方的形势，回罗马后他向元老院对阿尔比诺提出指控，说他正在使用阴谋诡计，因此，必须对阿尔皮诺的忘恩负义加以惩罚。然后，塞韦罗对驻在法国的阿尔比诺发动进攻，将阿尔皮诺的政权和生命一同剥夺了。细细分析塞韦罗的行为，你将会发现他不仅是一头无比凶猛的狮子，而且还是一只非常狡猾的狐狸；他取得广大民众的敬畏，却又不曾引起军队的憎恨。所以对于像他这样一个突起的新手，居然能够统治这样巨大的帝国，我们对此一点也不需惊讶，因为他享有的崇高声誉，足以抵消由于他的掠夺人民可能会招致的憎恨。

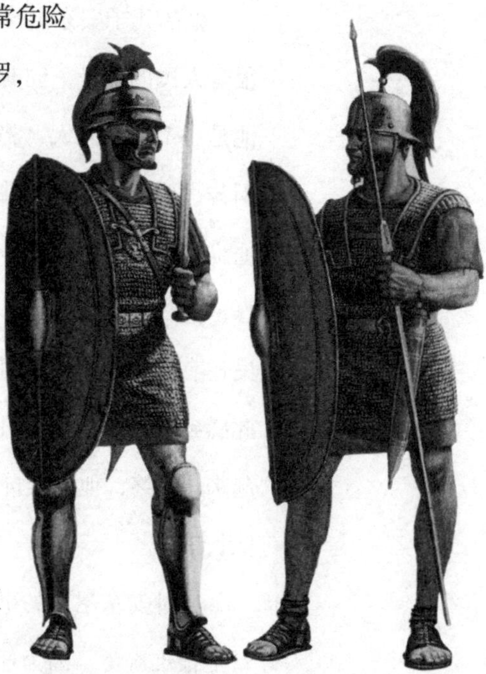

↑罗马军团的百人队队长(右)和士兵(左)。

他的儿子安东尼诺也是非常卓越的人物，他很受人民的敬爱，同时他又受到军队欢迎。因为他是一个好武之人，骁勇强悍，能忍受任何艰难困苦，他鄙视珍馐美味和一切奢侈品的品质，让他赢得了所有军人的爱戴。但是他的过于凶暴残忍，他一生杀人如麻，曾屠杀了罗马的大部分居民还有亚历山大的所有居民，这让整个世界都对此感到痛恨。甚至终日伴在他左右的人也都惶恐起来，最终，他死于自己军队中的一个“百人队”队长手下。

通过安东尼诺的事情可见，这种蓄意的谋杀君王很难避免，因为任何人只要不怕死都能够加害于君王，不过也没必要为此担心，类似的事情极为罕见，只要留神不严重伤害侍从，还有伴随左右为国效力的人就可以了。而安东尼诺这一点就没能做好。他凌辱了那个“百人队”队长的弟弟之后又将之杀死，虽然不断地恐吓那个队长，却还依然让他担任禁卫，这真是一种愚鲁的做法，因而最终招致自身殒灭。

现在我们看看马可之子科莫多。他自幼享有世袭权，按理他只要踩着其父的足迹前行，只要能保

↓《皇后宝冠》。整件作品显得十分华贵，极具皇族气息。

证军队和人民安然无恙，他就能轻轻松松维持他的统治。可是，他生性过于残忍，为了压迫人民，他十分恩宠军队，纵容他们胡作非为。同时，他还不顾君王的尊严，经常去剧场同角斗士竞技，另外还有一些别的卑劣行迹，实在是有损于他的帝王之尊，因此他开始受到军队的轻蔑，他既受人民的憎恨又受军队的轻蔑，最终因为遭受阴谋反对而灭亡。

[↑]一代明君安东尼·派厄斯皇帝像。

马西米诺是一个极为好战的人物。正如前文所述，军队对亚历山大的优柔怯懦十分的不满，于是就将亚历山大杀了，然后将马西米诺选举为帝。可是马西米诺因为有两件事使他既受憎恨又被轻蔑，所以他无法长久地维持统治。其中第一件是他出身卑贱，众所周知，他曾经是特拉恰的牧羊人，这使他在每个人眼中都丧失应有的尊严。而另一件是，他即位之初并不急于去罗马

[←]马可·奥勒留之子科莫多像。现在西方人一直认为，将儿子科莫多任命为自己的继任者，是睿智的奥勒留最为失败之举。他们甚至不愿意相信这是出自奥勒留的本意。因为科莫多对治理国家毫无兴趣，他的统治标志着罗马帝国繁荣局面的结束。

登基，而是操纵他手下的行政长官，在罗马以及各地干了许多极残酷的暴行。

这使他以极其残暴闻名于天下。于是，全世界都非常轻视他的卑贱出身，加上由于畏惧他的残暴而生的憎恨，于是，非洲首先开始造反，然后在元老院的带领下全体罗马人民、后来整个意大利都起来反对他，甚至他的军队也参与其中，他们围攻阿奎莱亚时久攻不克，于是对受他的虐待十分恼恨，加上看到他树敌太多，于是不再对他心怀恐惧，终于将他杀死了。至于赫里奥加巴洛、马克里诺斯及朱利安，他们因为遭受了普遍的蔑视，很快就被消灭了。我想没必要再谈他们，这番议论也该收场了。

我认为，在我们这个时代，君王若要想遏制军队过多的欲望，要比过去容易许多，尽管他们也担心军队的不满，而要对其给以照顾，但大多能够迅速将此问题解决。因为，现代君王都不曾拥有像罗马皇帝那样与政府和地方行政当局平分秋色的军队。在罗马帝国时代，统治者满足军队要比满足人民更为重要，因为那时的军队要比人民更有力量，但是如今的君王——除了土耳其和苏丹之外——人民比军队更为有力，所以必须让人民得到比军队更大的满足。在土耳其，皇帝始

↑ 拿破仑一世的热水壶。它是一件精妙绝伦的贵金属工艺品。

← 沃瑞温的《伊巴密浓达之病床》，现藏于阿姆斯特丹的荷兰国家艺术收藏馆。

终维持着一万二千名步兵和一万五千名骑兵，他依靠这些军队来维护他的王国的安全，所以首先得和军队保持好关系，然后才考虑其他的问题。与此相同，苏丹国王也是牢牢地把握着军队，他也是尽力与军队友好相处，而对人民则不再关心。

我们可以看到，苏丹的统治与其他的君主国都不相同，它和教皇国有些类似，既不能算是世袭君主国，也不属于新生的君主国。以前的君王的后裔并不是君王的继位者，无法依靠继承来进行统治；他们有一个古老的惯例，新君一般都是由法定的选举人选出来的，所以不存在新生君主国所要解决的那些麻烦；君王虽然是新的，可是国家的秩序却是旧的，所以他们像是迎接世袭君王似的，迎接新当选的君王。

→这是皇帝卡拉卡拉的胸像，属于罗马肖像雕刻鼎盛时期的代表作。卡拉卡拉是罗马历史上嗜血成性的暴君之一。他原名巴西安努斯，公元196年接受“恺撒”称号后，改名马可·安东尼努斯。

现在我们应当回到问题的中心，只要对以上讨论的内容分析一下就会明白，导致了前述皇帝们的灭亡正是憎恨或者轻蔑，在那些君王中有的是这样来行动，而有的行动则与之相反，为什么在各类的行动之中，只有一个君王能够善始善终，其余的都不得其果。因为对于同是新君王的佩尔蒂纳克斯和亚历山大来说，想要仿效因继承而得到统治地位的马可，结果不仅是徒劳无益反而深受其害。同样卡拉卡拉、科姆莫多、马西米诺，想要模仿塞韦罗则更加危险，因为他们根本不具有步其后尘的足够才能。所以作为一个新生君主国的新君王，既没必要去照搬马可的行为，也不必要去仿效塞韦罗的方式；不过若是多少能使用一些塞韦罗的统治方式，则会更利于长久的统治，也会为其伟业增加光彩。

# 第二十章　堡垒及君王们的诸多日常所为之利弊

某些统治者为了牢牢地统治自己的国家，就将其臣民的武装解除了；另一些君王则将他所属的各个城市分而治之；有些君王则四面树敌来反对自己；另一些君王则力求取得登基前对自己的统治有顾虑的人们的支持；有些君王大兴堡垒，而有些君王则将堡垒摧毁。如果不掌握某些国家的具体情况,对于上述的事情要做出正确的判断，是很难办到的，可我还是想在这个问题通常的范围内分析一下。

新生的君王从来不曾解除臣民的武装，与此相反，他总是把赤手空拳的臣民们武装起来，成为自己的武装，这就使得那些过去对你有所忧虑的人会变得忠诚于你，先前就忠诚的人则更加会忠诚不渝，并且由你的臣民转变成你坚定的拥戴者。当然，你无法将全体臣民都武装起来，可是

↑古罗马卡拉卡拉·第纳尔银币。

只要能使武装起来的臣民感到蒙恩受惠时，其他人你就很容易对付了。因为前者会对你给予的这种有差别待遇心存感激。所以他们将为你尽心尽力；而其他的人会谅解你，因为他们知道，那些冒着生命危险、承担大任的人们，理应获取更多的酬劳。

可是你若是解除了他们的武装，那么你马上就会得罪他们了；这充分表明你或者因为胆怯或者是因为不守信义，而不再信任他们了；而无论哪一种看法都将招致他们憎恨你，而且你不能放弃武装，不然你将只能依赖雇佣军，而如前所述，不论雇佣军如何可靠，也会有足够的力量来保卫你反对强大的敌人，还有那些被不再信任的属民。

↓《向亚历山大介绍达利奥家族》。保罗·委罗内塞作。

因此，新生君主国的新君王始终竭尽全力来整治军队，在历史上这样的事到处都可以见到。

但是当一位君王取得一个新的国家，就好像旧体安了新肢，那就必须将这个国家的武装解除掉，除了那些在你征服之前已经是你党羽的人，即使对他们，也要寻找机会将他们压制得柔弱无力；此外还要妥善安排，使这个国家的所有武器全部都掌握在你曾统帅的故国军队的手中。

那些被我们称为贤哲的先人们常这样说：保卫皮斯托亚要依靠党争，保卫比萨要依靠堡垒，他们正是出于这样的想法，在其所属的一些城邦中时时制造事端，为统治制造有利条件。这种办法在意大利相对稳定时，倒也能算得上一个良策，但是我不相信这种办法在今天仍能发挥作用。因为我不相信分裂会带来什么好处，恰恰相反，一旦敌人兵临城下，那种内部分裂的城邦马上就会灭亡，因为较弱的一方很快就会投靠外国军队，其余的就没有力量去反抗了。

我想，威尼斯人在所属的各个城市培植了格尔夫和吉贝林两派势力，正是出于以上的那种考虑。尽管它们还没有发展到流血对抗的地步，但却在公民中间产生了如此深刻分歧，以致相互间永不停息地争来吵去，无法团结起来反对威尼斯。

↑《布鲁特斯胸像》，青铜雕像，大约创作于公元前四世纪后半期。

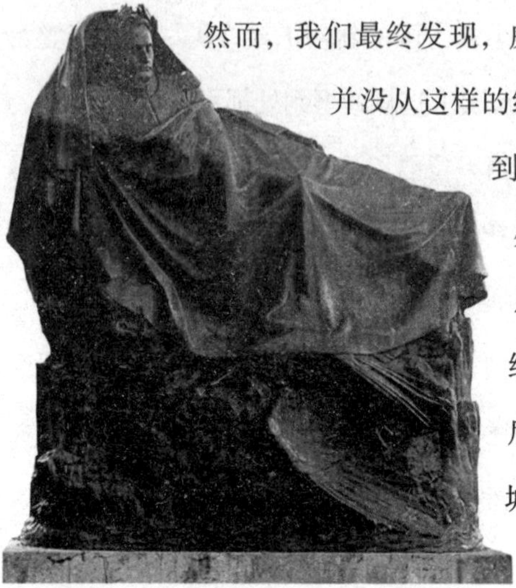

→《永生的拿破仑》。这幅作品刻画了作为君王的拿破仑疲倦的一面。

然而，我们最终发现，威尼斯人并没从这样的结果中得到什么好处，当威尼斯人在维拉战败后，这些城市的臣民当中的有些人立即揭竿而起。从威尼斯人手中将整个国家都夺取过来了。

使用这样的方法表明统治者力不从心，因为一个强大的君主国决不应当纵容如此的分裂，在和平时期这种方法还有利于从容驾驭臣民，而一旦战争发生就显得有些荒谬了。

这就是说，能够克服面临的层层障碍和反抗的君王，就会变得强大起来。因此，当幸运之神要促使一位新君王成为伟大人物的时候，比起世袭的君王他更需要获得盛名，就会为他制造出一些敌人来，并促使他们去反对他，这就可以为他战胜他们提供机会，相当于是凭借他的敌人给他的梯子步步高升。因此，许多人认为，明君只要利用好机会，巧妙树敌并将其制服，从而使自己

↑维也纳圣史蒂芬教堂内。这里原属于罗马式风格，后遭受战争的摧残。

变得更加强大起来。

君王们，特别是那些新君们，不难发现，在他们开始掌权之前所觉得有危险的人物，后来反而比开始就受到信任的人更为忠诚、更有作用。锡耶纳君王潘多尔夫·佩特鲁奇的统治，多得力于曾让他担惊受怕的人，而不是别的。不过这个问题不能一概而论，会因情形与人而有很大的不同，我要说明的是，有些开始时可能是敌人的人，如果他们很想得到君王的支持以自保，那么新统治者要将他们争取过来，就十分的容易。而他们又势必要消除君王原先对他们所产生的坏印象，而不得不尽忠侍奉，于是，君王从他们那里反而能得到更多的益处，而那些一向受到信任的人，由于过分相信自己稳固的地位，反而常常对君王的事不大用心。

还有，在这里我要特意提醒那些由于得到本地人的内应而征服新国家的君王，应当好好分析一下促使那些人做内应来帮助他的动机是什么?如果仅仅是因为对前政府不满，而不是出于对君王的拥戴，那么，新君王要同他们维持友好关系将会十分的困难，因为你无法做到让他们心满意足，借鉴一下古代和近代的事例，然后用心分析分析，君王就不难发现，相比之下对前政府感到满意而与他为敌的人，较那些对前政府不满而与他结盟并帮助他推翻前政府的人，更容易保持友好的关系。

君王们建筑堡垒，是为了更好地来统治自己的国家，将它作为对付那些企图与自己对抗的人们的嚼子和缰绳，同时也作为受到突袭时的避难场地。这种方法已沿用了好多个世纪。我对此比较赞成。可是在我们所处的时代，麦瑟·尼科洛·维泰利为了统治卡斯泰罗，反而将这个城邦的两个堡垒全都拆掉了。乌尔比诺公爵圭多·乌巴尔多返回的领地，他曾被恺撒·博吉亚从那里赶了出去，将那一地区的所有堡垒都夷为平地，他认为，没有这些堡垒，他就不会再度丧失他的领地。本蒂沃里收复波洛尼亚之后也采取了与此相类似的措施。由此可见，堡垒有没有用，要根据时势来确定，在一些情况下可能对你有用，而另一种情况下就可能不利于你。

由此我们不难得出以下的结论：一个君王如果畏惧臣民甚于畏惧外国人，他就会建筑堡垒；如果畏惧外国人更甚于臣民，那它就会拒绝堡垒。弗朗西斯科·斯福查所建筑的米兰堡垒，已经而

↓《晴天》。华托的《晴天》描绘的是王公贵族享乐的生活场景。

且还将继续危害斯福查家族，更甚于该国的任何一切混乱。总之，对君王而言最牢固的堡垒就是别让你的臣民憎恨你。不然即使你拥有了坚固的堡垒，也无法保护你，因为当人民一旦武装起来，那就会得到外国人的援助。在当前这个时代，堡垒不曾使任何统治者得益，只有弗利伯爵夫人在她丈夫季洛拉莫伯爵被杀之后的情形较特别，城堡使她能够逃脱了平民的攻击，最终等到了米兰的救援而重获王权，这主要是因为，在那个时候，造反的平民没有得到外国人的支援。可是，当恺撒·博吉亚后来向她发动进攻时、满怀敌意的人民同外国人联合起来时，她的堡垒就不堪一击。

↓ 拿破仑一世及皇后加冕典礼。这是画家对拿破仑一世及皇后加冕礼仪式的忠实记录。

所以如果好在当时或者更早一些，能够免遭到人民憎恨，那将远比她拥有堡垒安全。有鉴于此，在这里我既要颂扬那些兴建堡垒的统治者，也要称赞那些没有修建堡垒的统治者，可是我要指责的是那些仅仅依赖堡垒，而无视于人民的憎恨的统治者。

# 第二十一章　君王怎样去赢得人们的尊敬

世上能够使君王赢得人们最大尊敬的，莫过于伟大的事业和做出卓越的功绩。在当代，当今的西班牙国王，阿拉贡的斐狄南，就是一个很好的例子。他从一个弱小的君王凭借着自己的声望和荣耀，一跃而成为基督教世界中首屈一指的大人物，因此几乎可以将他看作一位新君王。细细观察他的行动，将会看到他们全部都是出类拔萃，卓越非凡的。在即位之初，他就进攻格拉纳达，这奠定了他统治的基础。一开始，他就全力以赴，

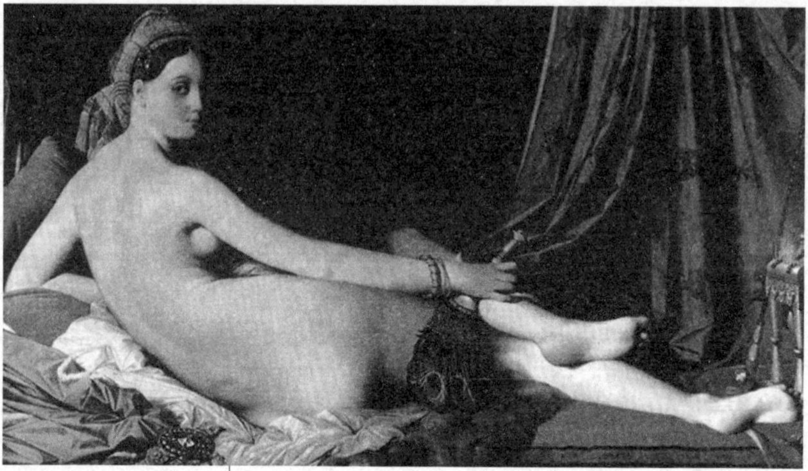

↑《宫女》。这是安格尔画的土耳其宫中宫女闺房生活的情景，具有浓郁的东方情调。从这幅作品中可以略微看出东方宫廷人物与西方宫廷人物的生活差异。

毫不担心遭到任何阻碍。使桀骜不驯的卡斯蒂利亚贵族们全都将精力用于资金方面，使他有足够的能力来供养军队，从而只考虑战争而不去考虑革新的事。与此同时还在他们毫无知觉时，他已赢得盛名和驾驭贵族的能力。他还依靠教会的所得来维持他的军队，长期的战争又为他的武装力量奠定良好的基础，由此给他带来了很好的荣誉。另外，为了实现更加宏伟的计划，他常利用宗教来做文章，乞灵于宗教上的残酷，将马拉尼人掠夺一空并将他们驱逐出去。世上再没有比这更悲惨和可鄙的事了。他还披着宗教的外衣向非洲进攻，然后又去攻击意大利，最后入侵法国。他总是这样，刚做完一件大事便又开始筹划下一件，让他的臣民忐忑不安，而又无比的惊叹，需要注意的是，他的这些行动都是一个紧接一个，这一行动和下一行动紧紧相连，几乎不留空隙，使人们根本没有机会来反对他的活动。

[↑]《耶路撒冷沦陷》。作品表现了耶路撒冷沦陷的悲惨景象，战争之后尸横遍野，天使、圣母等前来救助。

君王若能在处理内部事务上充分展示自己的才能，那也是极有好处的。就如同传说中米兰的麦瑟·贝尔纳博的所作所为一样。所以一旦有人在城邦中做出什么异乎寻常的举动。不论其是好是坏，君王就应当立刻抓住良机对其进行奖赏或者惩罚，这样一来将会引得人们大发议论。更重要的是，君王应当通过自己果断的行动尽力博取才智卓越的强者之名。

另外，当君王不加保留地成为某个君王的盟友或是显明地反对另一个君王时，也就是说当他要成为真正的朋友，要么是真正的敌人时，他将会受到尊重。这样的方法要好于保持中立，因为，当你身边的两大邻国兵戎相见的时候，通常会出现两种情形：其一是它们都很强大，那么不论谁获胜，胜利者将会使你感到忧心忡忡；其二是它们都不强大。不管出现哪种情形，要是你果断地

↑《后宫露台》。作品描绘了阿拉伯王宫最隐秘的后宫生活，描绘了生活于后宫的王妃、宫女等女眷的闺阁生活，有的在洗浴，有的在轻谈，有的在沉思……几乎都流露出一种惆怅与茫然。这也是东方皇宫与西方皇宫的不同之处。

公开参战，总是会对你有利的。若是第一种情况，你不果断参战将会成为胜利者的牺牲品，对此，也会使战败者感到高兴，而且你还没有正当的受别人庇护的理由，胜利者也不会对你提供庇护，他们不需要这种无法信赖的、在危急时不肯伸手援助的盟友；失败者也不会来庇护你，因为在他受难的时候你不愿和他同甘共苦。

安蒂奥修斯在埃托利亚人的邀请下进入希腊，以驱逐罗马人，而且还派人鼓动罗马人的盟友亚该亚人保持中立，这个时候，罗马人则力劝亚该亚人拿起武器和他们站在一起。这件事被提到了亚该亚会议上来进行讨论，会上安蒂奥修斯的使

↑《巴赫科伊广场》。这是一幅典型的、充满东方浪漫气息的作品。它描绘了著名的土耳其君士坦丁堡的巴赫科伊广场。这与战争中萧条的君士坦丁堡形成了鲜明的对比。

者极力怂恿他们中立，而罗马的使者针锋相对地说：“他们喋喋不休，让你们保持中立，这与你们的利益休戚相关；若是失去友谊与尊严，你们一定会成为胜者战利品。”

要求你保持中立的，常常不是你的朋友，而你的朋友，则会要求你拿起武器公开出击。可是优柔寡断的君王，常常为避免眼前的危险，而保持中立，而这将是一条死路。如果君王能挺身而出明确地支持某一方，那么你们的同盟胜利之后，尽管你要听从强有力的胜利者的支配，但他将会更加爱护你，因为他对你负有义务，通常人们决不会无耻地将忠实的追随者，像对待忘恩负义之徒那样横加摧残，再说，也不曾有过那样彻底的胜利，以致能够让胜利者完全无视于正义和良心。即使你所支持的一方失败了，你一样能取得他的感激；只要他有能力是会帮助你的；若是他有幸能东山再起，你将是其注定的助手。

如果是第二种情况，即交战双方都不算强大，你不需要担心谁取得胜利。此时支持哪一方你更应当慎重考虑，因为你将利用支援一方而去打倒另一方，要是前者足够明智，他有可能会保护后者，如果能够获胜，他将要处在你的支配之下；他当然会在你的帮助下，取得胜利。

⬇《地下王国的三公主》。这件作品充满了神秘感，它似乎是对现实中王国的某种暗示。

从这里我们可以看出，一个明君应当懂得，若不是迫不得已，不要为了进攻别人而成为一个强大于自己的君王盟友。如前所述，就算你能获胜，也将会成为强国的囚徒，所以一个明智的君王应当尽力避免被他人所操纵。威尼斯人为对付米兰公爵，与法国结盟，最终是自取灭亡，而他们本来完全能避免这种同盟。若是遇上不可能避免的结盟，也应该像教皇和西班牙派兵去围攻伦巴第时的佛罗伦萨人一样，更应该按照上面的原则来采取行动。

无论你用什么方式去统治，都不要认为自己会稳操胜券，恰恰相反，你应当将其设想为一条吉凶未卜之道路，因为事物总有自己的规则：人们在力求逃避一种困境时常常会陷入另一困境。而智者应当能认清各种危害的轻重程度，从中选择那些最轻的作为上策。

善待贤才，褒扬技艺超群之士，这是一个明君应当做到的，以此来表明自己对艺术与科学有兴趣。此外，君王应当鼓励人民，使他们能安心地在商业、农业及其他方面安心作业，不要让他

⬇《沐浴前的更衣》。该作品描绘的是古希腊罗马贵族的洗浴习俗。

↑《晚餐会》藏于佛罗伦萨乌菲齐美术馆。这可能又是梅迪奇家族的众多艺术收藏中的一幅。

们因害怕剥夺而不愿增值财富，也不能让他们因苛捐杂税过重而不愿进行生产；总之，君王应当及时奖励那些投身于实业的人，应当设法获取更充足的资源，来发展城邦。另外，每年在适当的时间召集民众举行一次庆典，观赏演出。君王还应当承认每个城邦存在的各种行会或集团，不时地接见他们，以显示君王的平易近人和雍容大度的气派，不过一定要注意保持王者的威严，不管在任何时候都不能将这一点忽略。

# 第二十二章　君王的近臣

对于君王来说选择大臣，是一件非常重要的事情，他们是不是贤臣，全取决于君王英明。通常人们通过对君王左右的大臣的观察，来判断一位君王及其能力，就是如果左右的人们忠心耿耿并很胜任其职，那么君王堪称明达，说明他已经懂得如何去鉴别他们的才能并且让他们做到忠贞不渝。若其大臣的表现与此相反，君王常常就会受到贬损的议论，人们就往往会对他做出不好的判断，因为从所选择谋臣可以看出，他已经在不经意中犯了第一个错误。

凡是知道锡耶纳君王潘多尔夫·佩特鲁奇的大臣麦瑟·安东尼奥·达·韦纳弗罗的人，全都认定潘多尔夫才智非凡，因为他能将麦瑟·安东尼奥重用。一般来说，人有三种类型的头脑：第一种是无师自通，第二种则需要由他人来加以点拨，第三种是无法自通，经别人点拨依然不通。

↑维也纳—圣卡尔教堂。

第一种当然是出类拔萃，第二种也算是优秀，第三种则等于没用。因此，潘多尔夫的头脑确凿地说，即使不是第一种，也是堪称优良，因为任何人都能够识别他人的言行的优劣，就算君王缺乏自己的创见，他也能鉴别他的大臣的行为的善恶，并进一步去奖励有才能的人，惩戒不良分子，这样一来，大臣们只能尽心尽职而不敢有欺君的想法了。

那么，作为君王用什么办法去鉴别一位大臣呢？有一个可以算得上是屡试不爽的办法：要是你发觉大臣所有的事都要从中谋求私利，而为己谋甚于为君谋。那么这种人绝对不是良臣，你也不应该去相信他，因为他会危及到你的存亡。他本该只想着君王，不该只想着自己，并且也不应当去操心那些同君王毫不相干的事情。另一方面，

为了保持大臣们忠贞不渝，君王须常常想着大臣，给予其关怀及荣华富贵，让他能感恩戴德，同时既让他分享荣誉、也让他分担职责，并使他明白，他之所以获此殊荣，全是蒙君王的恩典，而且太多的荣誉使他更无所求，太多的财富也使他不在有贪心，而他的职责更是让他惟恐有变。因此，当大臣们以及和君王能建立这样一种关系的时候，彼此之间就能够做到诚信相孚。如果不如此，其结果将会是对双方都没有什么好处。

↑布达佩斯—布达皇宫。皇宫中心部分现为历史博物馆。

# 第二十三章　如何摒除谄媚者

⬇ 凡尔塞宫国王卧室。

还有一件很重要的事情我不能不提，君王如果在这件事情上能十分审慎或者不能择善而从，那他就很难避免自己不犯错误。这就是来自谄媚者的危险，这样的人在朝中比比皆是。由于人们一向对自己的作为易于自满自足，而且常常自己欺骗自己，从而使他们很难防御这种阿谀之灾；而且即使他们想防备，也将冒着受人轻视之险。因为一个人要防止人们阿谀谄媚，除非人们知道不会因为说真话而获罪，不然很难防止人们的阿谀奉承；可是，一旦当大家都能够对你讲真话时，对你的尊敬就日渐减少。

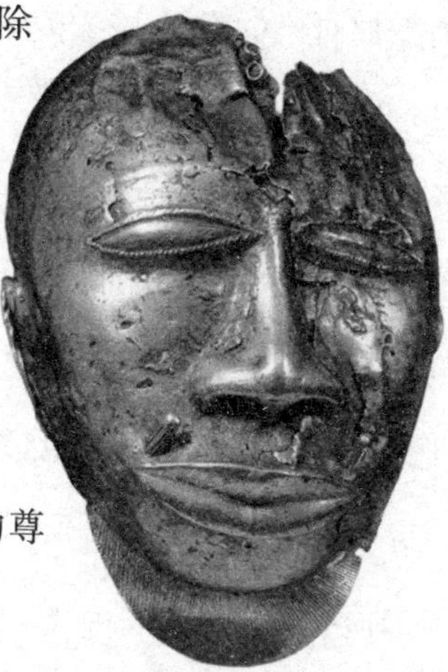

←黄金头像。在非洲，许多国王都自己选择剑饰作为一种象征或标志，其中最常见的饰物之一就是被打败的敌人的头像。这个黄金头像曾经藏于阿撒特时期国王库非·卡卡瑞的金库中。

因此，精明的君王常常会采用第三种办法：选择一些有识的贤士，单独给予其享有对他讲真话的自由，不过只限于他所询问之事而不论其他。但是，最好一切事都向他们咨询，并采用他们的意见，然后根据他们的建议加上自己的意志做出决定；而且，他应当力争使每个谏议之士都有这样的意识，越是坦率直言，则越能受到赏识。他应该不再聆听这些谏议之士以外的别人的话；而且决定了的事情就一定要行动，君王的决定应当是不轻易改变的。若不这样，那么他不是被佞臣的谄言所毁，就是因为没有见识，而为人所看不起。

在这个问题上，我想说一个当代的例子。当今君王马克西米利安的宠臣卢卡神父在谈到君王时曾说，君王从不征求任何人的意见，却从来没有按照自己的意愿去行事。这是由于他与上述方法，背道而驰所致，因为君王向来喜欢遮遮掩掩，不向人吐露自己的计划，也不去征询他人的看法，直到将这些计划付诸实施的时候，才能为人们所知，又会随着左右的反对而轻易改变计划，以至于经常是朝令夕改，谁也想不通他究竟是想些什么，或打算干些什么，所以他的决定根本就不值得去信赖。

因此，明君要在他本人愿意的时候勤于询问别人，而不是根据别人的意愿去行事，另外，对于那些他没有必要征询意见的任何事情，要让所有的人都不敢多嘴。然而，他更应当宽容大度，要耐心聆听所询问之事；一旦发现有人不据实禀告，他应该赫然震怒。不管是出于什么理由。

人们都认为凡是那些赢得英明称誉的君王，之所以能做到这样，是由于有良臣侍于他左右而不仅仅是由于他本人的天才。可是我认为，此言谬矣。这其中有一个铁定的法则：一个自己不明智的君王，他就不大可能会听取良谏，除非他交上了好运，能将自己托付给一位足智多谋的人，而完全听任后者的支配。在这种情况下，的确是会得到锦囊妙计，可是好景不长，因为那个为他出谋者随时都有篡夺他权位的可能。而且，当他听取不止一人的谏议时，就决不会得到都认可的观点，要是君王不够明智，那他自己也就不明白怎样将它们统一起来，最终是，出谋者各怀心思，而君王则不知所从。除非你能让谋士们始终保持其贤能，否则他们终将会不利于你，没有什么奇怪的，因为我们可以这样说，一切良好的忠言，不管最先是由谁提出，最终一定是源自于君王的英明，而不是君王的贤明出自于良好的忠言。

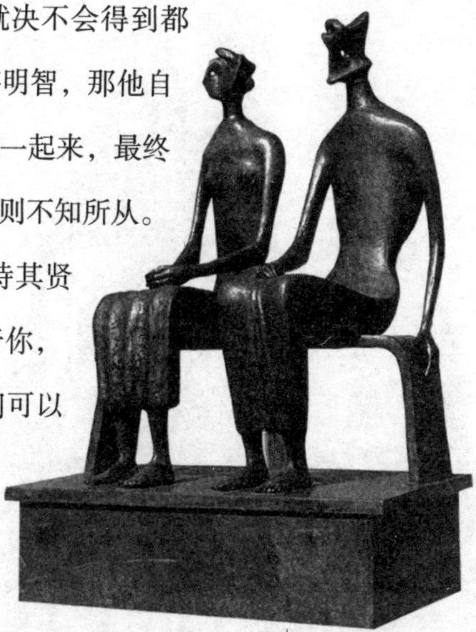

↑《国王与王后》。该作品显示出了人物高傲与威武的王者风范。

## 第二十四章　意大利的君王们何以丧国

一位新君如果能小心遵循我所提出的意见，那么他很快在国内真正确立根深蒂固的地位，这种地位甚至要比世袭权位还要稳固，因为一位新君的所作所为，比起一位世袭君王来要更加惹人注目，如果在这些行动中新君显示自己的力量和贤明，那么他就比世袭的君王更能抓住人心，民

↑维也纳圣卡尔教堂。卡尔六世曾发愿，只要维也纳城能幸免于难，他就要建造一座大教堂献给米兰总主教。

众将也会更加拥护他和他紧密地团结在一起。这是因为眼前的事情要比过去的事情更能将人们所吸引。如果在当前的条件下人们的生活能蒸蒸日上，他们就会心满意足而不求其他。只要这位君王在别的事上不曾让他们失望，那么人们将会竭尽全力来保卫他的，这样一来，他作为开国新君，又能以良法、强兵以及可靠的盟友和伟大的事例让国家强大，那他将获得了双重荣誉。这正如同一个世袭君王因为愚蠢而丧国，则会蒙受双倍的耻辱一样。

研究一下当代那些丧权丢位的意大利统治者，

像那不勒斯国王，米兰公爵等等，我们不难发现根据前面已分析过诸般原因，首先他们是在军队方面犯了一个共同的错误，其次，我们不难看出，他们中有的是激起了民怨民愤，要不是虽然有人民的支持，

但却又未能避免贵族们的反对。如果没有这些问题，那么只要有足够的力量能维持一支能够纵横于疆场的军队，君王就不至于会丧失国家的。

马其顿的菲利浦，这里指的不是指亚历山大之父，而是败于提图斯·昆提尤斯战败的那个，

↑《国王像》。这组小型的国王雕像用极为简洁的线条刻画了权力无边的国王形象。

↓ 布达佩斯民族博物馆。

他的力量显然无法与一同向他攻击的强大的罗马和希腊联盟相抗衡，可是他是个好斗的人，而且深通与人民和睦相处之道，也懂得如何防止贵族为患，所以尽管丢了几个城邦，但依然能够多年持续抗战，最终保住了他的王国。

因此，那些长期享有王位却最终亡国的意大利君王们，只应当责怪自己的无能而不应当去抱怨命运的不公。他们在和平的日子里从不去思考突如其来的变化（正如人们的通病，在风和日丽时就不会想到暴风骤雨），一旦身处困境，他们不思自卫而只想到了奔逃，却又在幻想被征服者淫威所激怒的人民有朝一日会召唤他们回去。如果实在是无法可想，这也算个主意，但最糟的就是将所有的努力都放弃而去坐享其成。你决不能因为总觉得将来会有人支持你甘于失败，那种情况很可能就不会发生，就算出现了也对你没什么好处，因为你不曾自己帮助自己，而是采用了懦夫的方法。而惟一可靠的、确凿而有效的防卫之道，那就是自信与自立。

# 第二十五章　命运的作用及如何将之主宰

我知道，世上的事情都是出自于命运还有上帝的支配，而人的智力则不足以对之进行改变，或是加以补救；这是许多人一向的观点，而且到如今依然这样认为。持有这种信念的人断定在人世事务上辛劳是毫无用处的，一切都应听从命运的支配，在我们这个时代这种观点更显得尤为可信，因为无论是过去的还是每天正在发生的沧桑巨变，都远远出乎人们的预料之外。一想起这些变迁，连我自己也在某种程度上隐隐约约地对这种观念肃然起敬，

然而，为了我们的自由意志不被完全抹杀，我觉得事情的真相是这样的：命运只是主宰了我们行动的一部分，可是命运还留下另一部分，也许是较小的一半，任由我们自己去支配。

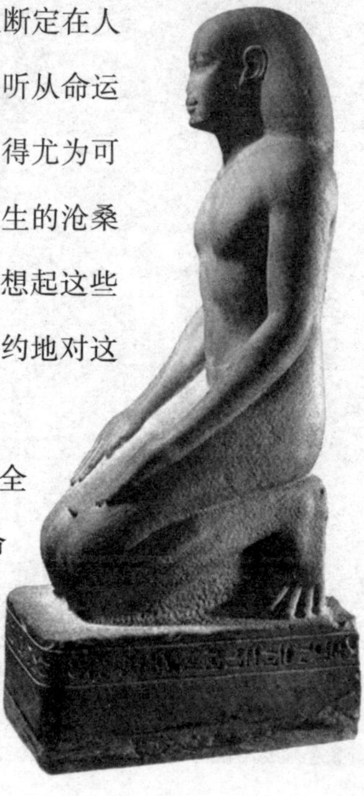

↓《纳克托雷普跪像》。此件古埃及雕像保存较为完整，仅鼻部有残缺。纳克托雷普应是埃及第二十六王朝的一位君主。

我将命运比之于那些泛滥成灾的江河，当其爆发的时候，树倒屋塌，平原会被淹没，土壤会流失；一切都在其威力下屈服，人们只能四处奔逃，只能任其肆虐，而无还手之力。不过，尽管其发作时如此的狂暴，但我们可以在天晴气朗的时候，开通沟渠，修筑堤岸来加以防备，倘若再有水至，就能顺渠而泄而不至于泛滥成灾。命运的情形也是如此，在不曾做好抵抗她的准备时，她就会向你炫耀自己的威力；哪里没有堤坝沟渠的防备，她就冲向哪里。

↓卢浮宫收藏的彩绘玻璃窗珍品。

想想意大利，那里是沧桑巨变之所，同时又是沧桑巨变的源泉，她是一片既没有沟渠也没有堤坝的平原，要是她有日尔曼、西班牙和法兰西那样足够的力量与智慧构筑的堤坝，那么就不会像今天一样任由洪水肆虐，或是带来这样如此

的创伤，当然这里我们只要一般地谈谈与命运相抗衡的问题就够了。

这里我想详细的分析一下，我想我们看到一些君王今天还享受着安乐，明天却垮台败亡，他们天赋的禀性或生活习性并没什么变化。我认为之所以会这样，首先是由于我先前已论述过的那些原因，这就是说，一个完全依赖命运的君王，如果一旦命运发生了变化，那么他也就垮台了。我还相信，如果一位君王的行为若能跟上时间的节拍，那么君王就会如鱼得水；与此相反，如果他的行为不合时宜，那么就很难如愿。

很多人生来就是为了追求荣耀与财富，在实现这项事业的路上，他们都各有各的行为方式，有人行事谨慎，有人鲁莽急躁；有人得益暴力，有人玩弄技巧；有人能够忍辱负重，有人却与此相反，而采用这些不同方式的人最终都能达到自己的目的。不过我们不难发现，同样行事谨慎的

←《法老雕像》。这件法老雕像被发现于公元1940年2月28日，是埃及考古发掘中一件主要的出土物。雕像辉煌眩目，显示了法老政权的庄严和伟大。

两个人，很有可能一个能实现其目标，另一个则劳而无功；而习性不同的两个人，一个小心，另一个急躁，最终却都能获得成功。这主要在于他们是否有合乎时宜的想法，而没有别的原因。如我所说，这样的结果是，两个各行其是的人最终却能取得同样的结果，而采以同样行动的两个人最终却会一个成功、一个失败。这其中决定其成败的关键是，一个人如果采取谨慎、耐心的方式行动，而时势的发展正好与他的做法适逢其会，那么他就能获得成功；但如果时势一变他失利而败，这说明他不曾做到因势利导。一个谨小慎微的人受他的习性驱使是很难做到随机应变的，因

↓ 布达佩斯国会大厦。

为他很难脱离走惯了的曾经使他功成名就的老路，也就很难说服他去改弦易辙，因此，处事谨慎的人一旦遇上需要迅猛行事的时候，他就会不知所措，而招致毁灭，但是如果一个人的习性能够跟得上时势的变化，那么他的命运就决不会有太大的起伏。

教皇朱利叶二世无论任何事务都是雷厉风行，他所察觉的时势与他采取的这种行为方式正好合拍，因此他总能取得成就。看看他在麦瑟·乔万尼·本蒂沃利还在世时发动的对波洛尼亚的第一次进攻。威尼斯人对此表示反对，西班牙国王也并不赞成，朱里奥就同法国商议这项计划，而且

↓巴塞罗那国家艺术博物馆里的巨型管风琴。

他的刚强和迅猛的禀性他使干劲十足，亲自出征参战。西班牙和威尼斯人被他这一行动弄得呆若木鸡不知所措，前者主要担心重获整个那不勒斯王国的希望将破灭，而后者是出于惶恐。另一方面，教皇能把法国国王拉过来与自己一同行动，是因为法国国王认识到，既然朱利叶已经开始了行动，为让威尼斯人俯首贴耳，最好成为教皇的朋友，于是为了不公开得罪教皇，当然不能拒绝向他提供军队。朱利叶于是以疾风迅雷之势完成了这一大业，这是任何其他一个教皇，就算他有世上最高的深谋远虑都无法成功地做到的。如果他也同别的教皇一样要等到万事俱备、事事周全之后才能够离开罗马，他就绝不会成功。因为法国国王会找出一千条推托的借口，而威尼斯人也将会因为对他的担忧而奋起抗争。我想，他的其他业绩全都是这样取得的，这里就不必多说了，每一件都是卓有成效，

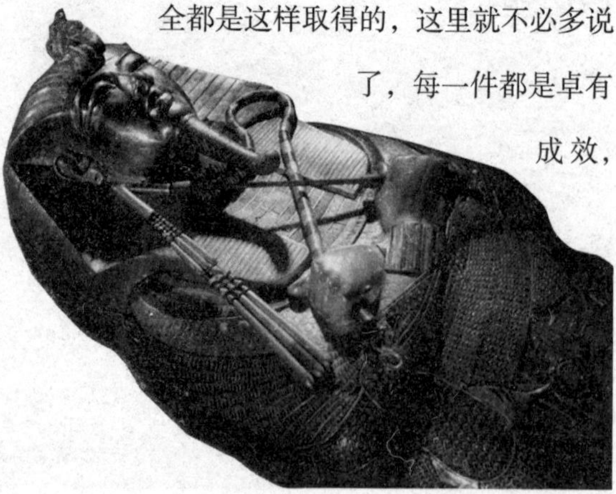

→《黄金王棺》。这是古埃及金属工艺作品中最典型的代表。其形象是图坦卡曼王的相貌，但极富装饰性。作品显示了国王不可一世的威严气质，同时又象征了保护死者在阴间平安再生、来日复活。

他的短促的生命使他没有来得及去体验与此相反的事，假使时光流转到他必须谨慎行事时候，他就会有悲惨的结局，因为他决计不会一反他的天性来行事的。

于是我得出这样的结论：命运易变而人的本性难以改变，所以能和命运紧密合拍时，那就意味着成功；一旦二者相违，那就只有失败了。据我所见，与其谨慎，毋宁行险，因为命运是一个女人，你只有对她大打出手才能将她制服；她宁愿为果敢行险者所制，却不愿为行事小心冷静者所征服。而年青人勇猛果敢，不怎么瞻前顾后，所以能有较大的勇气去指挥她。

# 第二十六章　从蛮族手中解救意大利

将上面所讨论的一切仔细加以分析，我们不妨进行这样的思索：目前这个时代的意大利会不会出现一位众望所归的新君王，现存的条件，是

→ 国王和王后坐像。作品中人物的坐姿沉静严肃，不失王者风范。王后的双手搭在膝盖上，显得端庄大方；国王则是一手搭膝，另一手中握有象征权力的器物。

否会给贤德的明君创造出机会，使他能创建既能让他本人获得荣耀，又能给本国人民带来幸福的伟业。在我看来，有如此多有利于新君横空出世的事情在当前发生，我认为当前比过去任何时候都更适宜新君开创伟业。

在前文中我已说过，为了显示摩西的力量，就得让以色列人在埃及饱受奴役；为了显现居鲁士的非凡气概，波斯人就要受到米堤亚人的欺压；为了彰示修斯的卓尔不群，雅典人就得蒙受颠沛流离之苦。如今，意大利为了能产生一位震惊天下的新君，意大利就得沦落到当下的这种境地，要比希伯来人更受压迫，比波斯人更受奴役，比雅典人还要流离失所，没有首领，毫无秩序，屡受重创而任人宰割，四分五裂而饱受蹂躏，尝尽了国破家亡的苦难滋味。

↑ 涅菲尔蒂蒂王后胸像。该作品表现的是埃及第十八王朝（新王国时代）国王埃赫那吞妃子涅菲尔蒂蒂的形象。

迄今为止虽然已有一些意大利人显示出了奉上帝之命来拯救意大利的迹象，但后来我们发现，正当他的事业达到顶峰时，他却受到命运的遗弃了。因此直到如今，意大利看上去仍然死气沉沉，依然在等待着圣人来医治她的创伤，终止伦巴弟被蹂躏掠夺的命运，让那不勒斯王国和托斯卡纳的不再受到抢劫与勒索，从而将那些长期恶化的溃疡彻底消亡。她正在祈求上帝派遣圣人使她摆脱残酷傲慢的蛮族人的魔爪。只要有人将旗帜竖起，意大利将心甘情愿地追随这面旗帜。

↑巴塞罗那·奎尔公园。

目前，再也找不到任何人能比您那显赫的家族被上天寄予厚望的了，您的家族依靠自己的命运和能力为上天与教会所宠幸，现在又是教廷的领袖，而且府上人才济济，完全能够成为拯救意大利的伟人的。您只要牢记我在前面提到过的那些人物的事迹，那么拯救意大利并不难。这些人

↑国王雕像。这是刚果博约族木雕。刚果与其它地区最显著的差别之一可以说是他们的国王，传说刚果国王都是精通手工艺的专家。

物虽然都是稀有的奇才，但他们毕竟还是人，而且他们每个人所拥有过的机会并不比现在多；他们所干的事业并不比我们的这项事业更富正义，更容易；而且上帝给予他们的眷顾，也不会大于您之所得。

伟大的正义应当属于我们，因为战争对于被迫进行自卫的人们，总是正义的；若不拿起武器就会有灭绝的时候，武器将变得神圣。现在这里拥有异乎寻常的机会，您的家族只要采取我已经作为目标推荐的那些人所采取的措施，那么就不存在巨大的困难。此外，现在我们还将看见上帝为您指引方向的空前奇迹。大海分开了，云彩为您引路，泉水自石中涌出，粮食自天而降；万事万物都因您的伟大而联合起来，上帝并不包办一切，别的事情则必须由您自己去做了。这样就不会将我们的自由意志和本该属于我们的那份荣耀夺走。

如果上述那些意大利人，没有一个能够完成您的显赫家族也许可成的伟业，也是不足为奇的，在如此频繁的动荡和战乱之中，意大利的军事力量几乎全部丧失了，这主要是因为旧的制度有问题，而新的制度又缺少一个有智慧与才能的人去开创。一个新近崛起的君王若要想得到非凡的荣耀，再没有比创立新的法律和制度更好的了，如果这些新法和制度，能有良好的基础与伟大的实质，一定能让创建者赢得尊敬与称颂。

[↑] 圣母大教堂大殿镀金的花格平顶天花。相传乃亚历山大六世所捐出。

当今的意大利，有的是机会让人去实行各种各样的改革。只要头脑明智，那么四肢则是强健有力的。看看，在只有少数人参加的决斗中，意大利人在力量、技巧和智慧方面是多么让人叫绝。可是当问题转移到军队时，就再也看不到这些优良的品质了，这完全是领袖的软弱所致。有能力者却无人服从，人人都自视英明。到目前为止，尚未出现一个依靠其才略与幸运，上升至崇高地位而使别人听从于他的领袖。因此，过去二十年的漫长岁月中，发生了如此频繁的战争，其中只要一支清一色意大利军队，结局总是损兵折将：最初的例证有泰

罗之战，后来是亚莱山特里亚、卡波亚、热纳亚、伐哀拉、波隆那与梅斯特里诸地的一系列战争。

您的显赫的家族若是决意效法我先前谈到的那些曾经拯救了他们各自国家的伟大人物的话，那么最要紧的事情就是组织一支属于自己的军队，这将是任何伟大事业的第一步，不会有比他们更忠实、真诚和优秀的战士了。而且，虽然他们每一个人都很优秀，但是当他们看到指挥他们的是自己君王并且是自己的君王给予了他们荣誉和给养时，他们将会更加优秀，团结得更加紧密。因此，只有筹建这样一支军队，才能使意大利有能力抵御外侮。

↑巴塞罗那国家艺术博物馆里的巨型管风琴。

虽然瑞士和西班牙步兵很是可怕，但二者也各有缺陷，因此，第三种类型的军队完全有把握与他们抗衡，进而战胜他们，因为西班牙的步兵无法抵挡敌人的骑兵，瑞士人遇上和他们同样顽强步兵近距离搏斗时，也会胆战心惊。经验已经表明，西班牙人受制于法国骑兵，而瑞士人则会被西班牙步兵所败，虽然后一种说法尚未完全证实，但是从拉文纳之战中可以看出一些迹象。当时与西班牙步兵作战的是德国的军队，后者采用了瑞士兵的战术；西班牙人有着矫捷的身姿，他们在圆盾的掩护下钻到德国兵长矛阵中，安全地向德军进攻，使德国人无法对付；后来若不是受到了骑兵的进击，也许西班牙将会全歼德国人。抓住这两类步兵的缺点，君王就可以建立一支既能抗击骑兵，又不会害怕步兵的新型军队。这一切将取决于战术的调整和武器的选择。而这也能像制度一样给一位新君王带来威望与伟大的地位。

←大臣夫妇像。此像于吉萨的古墓玛斯塔巴中发现，是古埃及第五王朝的作品。从这幅作品可以看出君臣之间的区别，臣子的雕像远不如君王雕像那样金光四射。

为了经过漫长的岁月之后使意大利终于能够看见她的救星出现在眼前，千万不要错过这一天赐的

→里斯本奥古斯丁拱门（拱廊），里斯本的地标。16世纪的时候这里曾经有皇宫，1755年的大地震将宫殿夷为平地。广场的中间是约瑟一世的骑像。雕像后面是凯旋门。广场两边的建筑是政府的办公机构。

↓君士坦丁大帝头像。从该作品可见罗马帝国后期的艺术与后来欧洲中世纪的基督教艺术是一脉相承的。在这幅作品中，不难看出当时皇权已被神化，基督教重神轻人的思想渗透到了帝王肖像雕刻之中。

良机。我没法去表述在备受外国蹂躏的那些地方，人们将怀着怎样的爱戴、怎样的雪耻的渴望与赤诚、怎样的热泪盈眶来迎接他！有谁会去拒绝他呢？有谁会不听从于他呢？有谁还会对他表示嫉妒？有谁还会拒绝效忠？蛮族的暴政已使所有的意大利人深恶痛绝。所以我恳请您显赫的家族，承担起这一重任，以人们从事正义事业所具有的崇高的精神和勇气，使我们的祖国在您的旗帜下日月重光，蓬勃发展，那个时候，我们将会看到，彼特拉克的诗句是如此的真实：

拿起刀枪，
不要畏惧蛮族的暴政，
战斗即将结束，
因为先祖的勇气，
在我们意大利人的胸中。

←《查理五世和伊莎贝拉》。这是为西班牙埃斯科里亚皇家陵墓所做的查理五世墓雕。

[↑]巴塞罗那国家艺术博物馆,即国家宫。